岩波現代全書

088

南米「棄民」政策の実像

Gendai Zensho
岩波現代全書
088

南米「棄民」政策の実像

遠藤十亜希
Toake Endoh

目次

第Ⅲ部　移民政策のポリティクス

序章

二〇〇四年九月一四日、三機のヘリコプターがブラジル・サンパウロ州グァタパラ上空を飛行していた。グァタパラ日本人移住地上空にさしかかった時、日本の小泉純一郎首相（当時）を乗せた一機が、突如として下降し、着陸した。

このグァタパラ移住地は、日本人移民がブラジル国内で最初に入植した、いわば、日本人にとってのプリマス植民地といえる（アメリカ合衆国のマサチューセッツ州プリマスは、メイフラワー号が到着した、最初の入植地）。首相一行が着陸したその場所には、日本人移民の子孫たち一〇〇人ほどが集まっていた。

当初の予定では、搭乗機が日系人移民の墓苑上空にさしかかった時に、首相が機上から花束を投下することになっていたが、赤土に石灰で書かれた「歓迎、小泉首相」の文字と日の丸を目にした首相が予定を変更して着陸を希望したのだった。

グァタパラの日系人は、「まさかの出来事」に驚喜して首相をとり囲んだ。小泉は歓迎する人々にもみくちゃにされながら、一人一人と握手し、言葉を交わした(1)。

最初の日本人移民がブラジルの土を踏んだのが一九〇八年。その約一〇〇年後、移民の子孫たちは、先祖が苦闘してきたその土地で小泉首相に体現された「祖国」と再会したのである。

その翌日、サンパウロ市内の日本人居住地区リベルダーデにある日伯文化協会には日本の首相に一目会おうと一二〇〇人の日系人が集まっていた。日本の首相がブラジルの日系人と会うのは、一九七四年の田中角栄の訪伯以来だった。

日系人聴衆を前に話をしていた小泉首相は、話が前日のグァタパラでの出来事に及ぶと、突然言葉を詰まらせ嗚咽し始めた。聴衆はみな静まりかえり、中にはもらい泣きする者もいた。日本の首相と日系ブラジル人が同胞愛を確認しあった瞬間だった。小泉にとってブラジルは「心の中でもっとも近い国」なのだそうだ。(2) また、「同胞」たちの中でも、祖国との心情的・文化的つながりは、長い年月と距離を経て連綿と続いていた。その両者が、今、移民の過去の苦難と犠牲の記憶を分かち合っている。彼らが流した涙がそれを物語っていた。

二つの「日本」の再会、それ自体は純粋で感動的だった。しかし、国策移民として南米・カリブ海に渡った日本人と日本国家との歴史的関係は複雑で波乱に満ちたものである。

一九世紀末より二〇世紀中頃まで、約三一万人の日本人が、新天地を求めて、未知の地ラテンアメリカに移住した。その大半は、一九二四年以降、日本政府が奨励・支援した「国策移民」だった。日本近代史において、南米やカリブ海への移民(以下「南米移民」と呼ぶ)がどのような意味を持っていたかについては、様々な解釈や評価がなされている。例えば、南米移民は日本の国際主義の成果だとするポジティブな評価がある。今や一五〇万人ともいわれるブラジルの日系人社会は日本国外最大の日系人社会とみなされ、一九九〇年に日系人初のペルー国大統領となったアルベルト・フジモリは、日本の国際進出の象徴とされた。一方で、南米移民（移民個人ではなく、移民政策や移民の実態）を批判的に捉える見方もある。その一つは、国家は、移民を遠く離れた異国に送り出し、現地の厳しい自然・社会環境に置き去りにしたと考える棄民論だ。また、移民たちが味わった塗炭の苦しみの責任は国にあるとして、訴訟を起こす者もいた。

著者は、このように評価が分かれる日本人の南米移民、特に、日本政府が大きくかかわった時期の移民に関心を持った。歴史文献や公文書を読みすすめ、南米移民の歴史や実態を知るにつれ、短絡的には語れない、移民と国家（日本）との複雑な関係が浮き彫りになってきた。日本政府は、いったいどのような意図や目標をもって南米移民政策を行ったのか。移民は「祖国」日本とどのような関係でつながっていたのか。南米移民は、日本の近代化の歴史の中でどのような意味を持つのか。国策としての南米移民の実体、及び、近代日本の「国家建設」にとっての南米移民の意義が本書のメインテーマである。

南米移民に関する三つのパラドックス

日本の南米移民の実態は説明しきれない謎や矛盾点が多い。中でも、次の三つのパラドックスは国際移民や日本史の分野の先行研究では十分な説明がついていない。

第一は移民の流れと入植のパターンについてである。日本人の南米移民は、ハワイ・北米移民より一〇年ほど遅れて、一九世紀末に始まった。これら初期の移民は、アルゼンチン、ブラジル、メキシコ、ペルーの農園や鉱山で働く、いわゆる「出稼ぎ移民」だった。彼らの賃金は、アメリカやカナダより低いものの、日本よりは高く、貯蓄や母国への送金も可能だった。初期の南米移民の移住パターンは、「移民は低経済から比較的高い経済に向かう」と新古典派経済学者たち(例えば、ステファン・キャスルズとマーク・ミラー)が唱える「国際移民の常識」と一致している。(3)

それが一九二〇年代になると、このパターンが崩れ、移民は「低い経済からさらに低い経済へ」と移動することになる。新しい入植先は、ジャングルや辺境地といった、人口もまばらな後進地域ばかりだった。これらの低開発地域には、外国人労働者が「一攫千金」できるような商業や産業の拠点はなかった。最低限の生活に必要な社会インフラさえ存在しなかった(詳しくは第一章で述べる)。

この国際移民の常識を覆すようなパターンは戦後も繰り返される。戦後の日本人南米移民は、日本が主権を取り戻す一九五二年に再開されている。移住先は、ブラジルのアマゾンや辺境地(sertão)、ボリビアやパラグアイの奥地、カリブ海ドミニカ共和国の山岳地帯で、現地の人間や他国の移民たちも近寄らなかった所ばかりだ。このような辺境地に入植した日本人は日本にいた時よりも貧困化した(詳しくは第二章)。

戦前も戦後も、日本人が海外移住を思い立った主な動機は、より豊かでチャンスも多い国に移住して労働条件や生活を改善することだったはずだ。ならばなぜ、彼らは成功の見通しの低い辺境地に移住していったのか。

第二のパラドックス

第三、第四章で概説するように、この開拓移民は、戦前も戦後も日本政府が積極的に奨励・推進したものだった。

ハワイ・北米移民や初期の南米移民では、民間会社が移民「事業」を一手に引き受けていたが、一九二〇年代中頃、対南米移民は「国営化」され、関係省庁や政府系団体の直轄となった。以後、南米移民はいわゆる「国策移民」として推進された。戦後移民も、外務省、農林水産省等の政府機関が主導した。

政府の移民計画は、移住地の悪条件、計画のずさんさ、受入国政府の約束不履行などが原因で、次々に頓挫・失敗していく。移住者たちの中にも入植地を放棄したり日本政府に帰国嘆願を申し出たりする者が出た。にもかかわらず、移住計画が中止、変更、再調整されるようなことはほとんどなかった。それればかりか、もっと多くの移住者を送り込もうとした。政府はなぜそこまで南米移民に固執したのか。

こうした問いに対しては、「海外移民は日本国内の人口問題を解決するのに必要だった」からだというマルサス学派的な回答がなされる(4)。近代化途上にあった戦前の経済社会構造では急増する人口を支えきれず、失業・貧困が大きな社会問題となり、政府は常に対策に苦慮した。そこで、苦肉の策として、国民の一部を海外に送り出す政策がとられた。また戦後は、敗戦・海外領土喪失による大量の引揚者の帰国で、日本国内は人口パニックに陥った。政府は戦前の政策に倣い、海外移住で人口過密を緩和させる方策を再採択したのだという。

しかし、通説となった「人口問題への特効薬」としての移民政策像には、もっと注意深い考察が必要である。なぜならば、移民政策の建前と当時の社会経済の実態との間には大きなズレが存在するからである（第三、第四、第五章参照）。また、政府の見解や移住計画推進者たちの証言を精査していくと、「人口」や「貧困」と並行して別の国内問題、特に政治の問題が頻繁に言及されていることに気づく。果たして、移民政策の本当の狙いは何だったのか。

第三のパラドックス

南米移民は日本のどこから来ていたのか。どのような人々が移住したのか。この直観的な問いは今まであまり真剣に議論されてこなかった(5)。しかし、戦前戦後とも、南米移民の半数近くが山陽・北部九州の出身者で占められていた。なぜこれらの地域は、長年にわたって南米移民を送出し続けたのか。

一部の歴史家や移民研究者は、移民出身地が特定の地域に集中するのは文化的要因に起因すると説明する(6)。つまり、南米移民を生み出した山陽・北部九州地方には、明治の初めより海外移民の習慣が定着していたというのだ。地域にはリスクを恐れず、海外で一旗揚げようという人間が多く存在し、移民は地域社会の誇りとして奨励されもした。国際移民学を研究するダグラス・マセイは「〝移民〟は、人々の行動規範に深く浸透していて、コミュニティの価値観の一部として確立されている」と述べ、移民の伝統化と移民出身地の集中との相関関係を実証してみせた(7)。マセイはさらに、特定地域で移民を促進する要因として「社会資本（social capital）」を挙げる。例えば、親類知人のネットワーク、移民に関する知識や情報、手紙や口コミなどの情報伝達手段、移民会社、海外からの送金（同郷人の移住を支援する）などである。こうした「社会資本」が移民の出身地と移住先の間に形成され、さらなる移民をよぶというのである。また、移住先では同郷人が集まり「エスニック・コンフォート・ゾーン」もできあがる。文化的安全弁ともいえるこの民族共同体は、後発移民にも安心感を与え、移住の心理的コストを軽減し、移民を促進する。[8] 山陽・北部九州には、こうした社会資本が集積し、結果として、同地域から南米への移民が増加したというわけである。

確かに、地域共同体の価値観や移民を促進する社会資本などの要因は、初期の移民――ハワイ・北米移民や一九一〇年代までの南米移民――の発展には影響を及ぼし、山陽・北部九州の諸県を「伝統的移民県」にした。しかし、国策化されてからの南米移民や戦後の移民に関しては、既存の経路や社会資本の効力は希薄である。というのも、国策化後は移住先が変わり、移民たちは人跡未踏の地に送り込まれるからである。

また、前述したように、南米移民を本格的に計画・支援したのは「社会」的アクターでなく「国家（state）」のアクターなのである。国はどのような意図や意思をもって移民政策を実行したのか。さらに、国策という鳴り物入りで推進された移民は全国に広がってしかるべきなのに、戦前戦後とも移民希望者が一局集中したのはなぜか。ここでも地域レベルからの検証が必要になる。

日本政治の視点から見た南米移民

謎や矛盾が多い南米移民が既存の理論や視点では説明しきれないとなると、他にどのような分析方法があるのだろうか。本書では、日本国内の政治に焦点を絞って南米移民の実像に迫ろうと思う。

海外移民という「国際」現象を移民送出国の「国内」政治から分析するという取り組みは、日本や海外の移民研究ではこれまであまりなされてこなかった。しかし、実際に、移民送出国政府の政策や制度は国際移民に影響を及ぼし得る。政策決定者たちは、特定の政策目標、意図、認識、イデオロギーを持って移民政策を策定する。策定された移民政策は、政府の制度・財政・政治的支援を受け、社会に広く普及するよう宣伝・啓蒙される。また、国外でも、日本人移民を受け入れてくれるよう、移民外交が展開される。このように、国際移民は、送出国政府という「目に見える、意思を持った手」に動かされているのである。日本の南米移民は、そのことをはっきりと物語ってくれる。

本書では国家を中心軸に置くとはいえ、国家がマクロ的社会経済構造から切り離された、完全に独立した行為者であるとの立場はとらない。国家の思想や理念、行動は特殊な社会状況の影響を受け、また、時の社会状況を反映する。政治学者アンソニー・マルクスによれば、社会政策というものは、「その国の歴史に深く根付き、思想を反映し、時の支配的な政治経済要求からの制約を受ける」(9)。国際移民レジームに積極的に関与し、太平洋圏の移民の流れやペースに多大な影響を与えた日本政府も、内政面では近代化の過程で生じた経済、社会、政治の歪みに苛《さいな》まれてきた。国策南米移民が実行された一九二〇年代から三〇年代前半、及び、五〇年代という時期、日本政府は大衆社会と深刻な対立関係にあった。制度的疲労や経済不況で社会が不安定になり、資本主義と共産主義の対立など思想の分断も深刻化していた。こうした中、それまで無力だった大衆が中央権力や体制に向かって拳《こぶし》を挙げ、中でも、社会の底辺におかれた人間が過激な反体制運動を起こすような事態が発生した。怒れる大衆を前に、統治能力や正統性に対する自信が揺らいだ政府は、反対勢力を排除し体制を立て直すべく、様々な手法を駆使してくる。その統治の手段のひとつが南米移民政策だったのではないか。本書では、この移民の社会的エトスを日本国内の歴史・政治的文脈から解析していく(第六章以下)。

国家建設を担った南米移民

イギリスの思想家フランシス・ベーコンは一六〇六年、国王ジェームズ一世にこう進言している。「移民は国家に二つの便益をもたらします。一つは〔不要な〕人々を国内から排除できること、そしてもう一つは国外で利用できることです」と。自国民を海外に送り出し、植民地建設に動員するという事業は、一六世紀以降、ヨーロッパ「植民」地主義の典型だったが、そこに内地の「浄化」、すなわち、国内の不要もしくは好ましからざる人口を海外に放逐するという「国民排除」の機能を組み込み、海外移民の効果を最大化しようというベーコンの政策提言は先見的だった。それから約二〇〇年後の一八世紀末、イギリスは流刑者を移送する受け皿として、オーストラリアのシドニー湾岸に植民地を建設したのを始めとして、植民地を増やしていき、元囚人や都市ルンペン、植民地アイルランド人など、国内で手に余った人々を送り込んでいった。ベーコンが描いたハイブリッド・モデル「移民+植民地建設+国内浄化」政策が実践されたのである。また、一八二一年、アメリカ合衆国の博愛主義団体「アメリカ植民地協会」が、解放奴隷人口の増加で深刻化していた国内の人種問題を解決しようと、アフリカ大陸西海岸に植民地を建てた。植民地は発展し、二〇年後の一八四七年、「リベリア」国として独立してからも、アメリカは一万人以上の解放奴隷を移住させ、国家建設、及び、「母国」アメリカとの関係の発展のために役立たせた。解放奴隷の処遇に困り、彼らの安住の地を国内ではなく海外に求めさせ、その上で植民地経営を試みたこの慈善事業も「政治的安全弁＋植民地建設」を目指した移民だったと見ることができるかもしれない(10)。

一九世紀後半から世界の植民地主義競争に加わった日本も、北海道、台湾、朝鮮、満州に日本人を開拓民として入植させ、植民地建設に貢献させた。ジョゼフ・シュンペーターは、一九、二〇世紀に欧米日の帝国主義が実践した「移民による国内統治と植民地建設」というハイブリッド・モデルを「社会帝国主義」と概念化している(11)。特に、戊辰戦争（一八六八―六九年）で敗北した会津藩などの元藩士が北海道に屯田兵として入植した例や、東北や長野県の貧困層が大量に満州国に送り込まれた例（一九三七年、広田弘毅内閣が国策化）などは、ベーコンが提言した「国内浄化＋移民＋植民地建設」のハイブリッド・モデルにあてはまる。

本書のテーマである南米移民政策にも「国内からの排除と海外での利用」という二つの裨益が求められていたのではないだろうか。国内では「非生産的で規律のない大衆」と疎まれた人民も移住地では「有益で忠誠心あふれる開拓民」として活用できる。日本政府や日系企業が資本投下した入植地に移民を大量に送り込み、彼らやその子孫とは国境を超えて「国家的」関係を築き、「国民（戦前では「臣民」と呼ばれた）」を日本の国益や国威発揚、西半球における日本の影響圏の拡張に役立てる。これらは、大胆な超領土的（extra-territorial）発想である。と言うのも、移住先のラテンアメリカ諸国のほとんどは、北海道や(当時日本の植民地だった)台湾、朝鮮、満州とは違い、一九世紀に独立を果たした主権国家である。それら主権国家の領土内に仮想の「国家・国民関係」を築き、移住地も建設した。ここが、南米移民政策が前述のベーコン・モデルと大きく異なる点である(この点は、以下で、もう少し踏み込んで論じる)。

ラテンアメリカ諸国に在住する日系ディアスポラ(祖国を離れて海外に定住する民族集団の意)に対し、日本はどのような「国家」関係を確立しようとしたのか。そして、それをどのようにして日本の国益や国威発揚に役立てたのか。超領土的国家主権を仮想する上で、南米諸国が持つ現実の「主権」との矛盾にはどう対処したのか。本書は、こうした疑問に対して、ディアスポラ政治や、海外ディアスポラと母国政府の政治的関係に関する諸研究を参照にしながら分析を行う(主に第一〇章)。

南米移民と日本の超領土的な国家・国民関係という仮想的概念を語る時、「では、両者を結ぶ公式の法的関係——国籍、行政上の扱いなど——はどうなっていたのか」という疑問が湧いてくるだろう。ある国の政府が他国に移住した人間を「自国民」とみなして保護または処罰をする場合、「国籍」または「市民権」がその法的根拠になる。海外移住者の国籍のあり方は、母国や受入国の法律とその変化、移民一世、二世など世代間の違い、個人的事情などの複数の要素が絡んでくるので、南米移民の国籍について一概には言えないが、知っておくべき補足事項として以下の点が挙げられる。

- 戦前・戦後とも、日本政府は移民一世を「日本人」とみなしていた。

・戦前には一世のほとんどが日本国籍を保有していた(12)。

・戦前、兵役義務の関係で一世の青年が日本国籍から離脱することはほぼ不可能だった(第一章で具体的に説明する)。

・二世以降は重国籍状態にある日系人が増加する。

また、移民の国籍や法的地位が移住先で問題化したケース(例えば、第二次大戦中の日系人強制収容など)は、日本及び受入国が日本人移民をどう取り扱っていたかを具体的に示す事例でもある。

ちなみに、本書では、「日系人」を、国籍や主観的自己定義にかかわらず、「日本から海外に本拠地を移し永住目的で居住している日本人とその子孫」と定義する。

グローバルなディアスポラと母国政府との関係に話を戻そう。外国に定住している同胞が経済発展を目指す母国に貴重な経済資源を提供することがある。移民やその子孫が長年にわたって形成蓄積したリソース——それは資産や事業だったり、コミュニケーション能力、人的ネットワークだったりする——は、「母国」の様々な経済活動に役立つものだ。移民の外貨送金で村には橋や学校が建ち、母国の国際収支が改善する。帰郷した人々が持ち込む生産技術や専門知識を活かして、新しいモノづくりや産業も興こすことができる。企業が海外に資本進出する際、その地に居住する同胞たちは、工場建設やマーケティングに活躍してくれるかもしれない。韓国の中央アジアへの直接投資活動に朝鮮系民族が活用されているのが一例である。

ディアスポラが持つ経済的効果は、彼らの移住先が経済先進国である場合にはとりわけ大きい。

最近では、フィリピン、バングラデシュ、メキシコ、エルサルバドル出身で、欧米、日本、中東などの先進国に移住したディアスポラたちが、右記のような様々な形で、先進国で取得した資本、技術、その他のリソースを母国に持ち帰り、経済発展に貢献している。そして、その後ろには、必ずといっていいほど、ディアスポラ・リソースを積極的かつ戦略的に利用しようとする母国政府が存在する(13)。

過去、日本政府も、対南米移民政策において、このディアスポラ戦略を展開した。既存のディアスポラ資源を「拝借」するだけでなく、南米の経済が日本よりも低レベルにあったり、国策移民の入植先が人跡未踏の辺境地だったりする場合では、殖産の基盤をゼロから立ち上げた。新規に獲得した土地に開拓民を入植させ、彼らの農業活動が日本のニーズや資源戦略に沿うよう遠隔指導し、必要な経済インフラの整備や体制作りを支援した。

ディアスポラ・リソースが政治面に及ぶ場合もある。国家が国際関係において危機に直面した時、海外に暮らす同民族の政治リソースを外交のテコに使う場合だ(14)。ディアスポラが社会のエリート層に属していれば、そのレバレッジは大きい。彼らは、権力の中枢へのコネを駆使し、または「ひとびとの外交(people's diplomacy)」を展開して、政府の政策決定が母国に有利な方向に向かうよう、ロビー活動をする。一九三〇年代、日本の中国侵攻が本格化するにつれ、在米中国人はアメリカ政府や世論に反日運動支援を呼びかけた。現在のアメリカの親イスラエル中東外交の背景には、強力なユダヤ・ロビーが存在している。

西側で活躍する日系ディアスポラも、日本に国際政治上のリソースを提供した。一九二〇年代のアメリカ大陸に排日気運が広がり、日本人移民が暗礁に乗り上げそうになった時、政府が頼みとしたのは、現地の同胞ディアスポラの交渉仲介力だった[15]。また、戦前の日本軍国主義は、挙国一致・国威発揚を目指し、南米の「同胞」にも国内さながらの愛国的政治動員の号令をかけた。アマゾンの未開地での開拓事業は、戦前には日本の影響圏の拡大に、戦後は平和主義に基づく援助外交と規定され、象徴的に利用された。

しかし、このように母国に利益をもたらすディアスポラの存在や働きは無条件に得られるものではない。世界のディアスポラ政治を研究するガブリエル・シェファーやロビン・コーヘンは、ディアスポラの動員には同一民族としてのアイデンティティの認識が前提となると説く[16]。つまり、ディアスポラが同一民族としてのアイデンティティを意識し、祖国に強い忠誠心を持ってこそ、愛国運動への参加が実現する。

確かに、二つまたはそれ以上の国にまたがって生きるディアスポラにとって、民族アイデンティティは天賦でも不変でもない。ある社会の一員として生きる過程で、意識的に選択し、確立していくものなのだ。また、彼らの忠誠心も不変不動ではない。したがって、外国に住むディアスポラのリソースに関心を寄せる国家は、彼らの民族アイデンティティが国の期待に正しく適合するよう指導し、愛国心を鼓舞しなければならないことになる。

戦前、南米に散在していた日系人の「遠隔ナショナリズム」――人々が遠くや見ず知らずの同胞や共同体（国）を「想像」し愛することで生まれる一体感や愛国心（ベネディクト・アンダーソン著『想像の共同体』を参照）――の形成にも、本国（日本）による「臣民化」政策が色濃く影響していた[17]。日本と日系ディアスポラの間の物理的距離、日本とラテンアメリカの文化的差異、ディアスポラの抱く疎外感、南米諸国との国際関係などを巧みに操作しながら、同胞ディアスポラに道徳教育や報国運動を指導し、「真正日本人」教育を目論んだのである。

移民送出国政府が同胞ディアスポラへの影響力を拡大しようとする行為は、他国(つまり移民の受入国)の中に、もうひとつの政治権力が出現することを許してしまうかもしれない。別の主権国家に出現するこの超領土的権力は、国際法上の近代国家の定義＝規定領土の上に立つ国家主権とは矛盾する、仮想の主権である。そしてこれは、法的主権(＝移民受入国の権力や正統性)を揺るがしかねず、二国間に対立関係、摩擦、戦争などを生む危険を孕んでいる。[18]

仮想の超領土的主権のリスクを認知していたからこそ、戦前の日本は、アメリカ合衆国に対しては、政府の神経をむやみに逆撫でするような遠隔ナショナリズムを日系アメリカ人社会に強要することを控えた。[19] また、戦後の日本外交は、リュウジ・ムカエが「家父長主義的汎国家主義(paternalistic pan-statism)」と呼んだ「国家は領土外にいる国民の面倒をみる権利を持つと同時に、自国内にいる外国人の面倒をその母国政府がみるという「平等」の権利を尊重する」理念に特徴づけられてきた。[20] しかし、ラテンアメリカとの国際関係においては、前述のような外交上の配慮や国際的互恵主義は影を潜め、日本の大国主義的メンタリティや民族的優越心が前面に押し出されてきた。このような、日本人移民を受け入れたラテンアメリカ諸国に対して日本がみせた超領土的国家主義や一国主義のロジックにも、本書は着目する。

本書の構成

第Ⅰ部では、戦前・戦後の日本人の南米移民がどのような経緯で始まり、展開したかを俯瞰する。第Ⅱ部では、第Ⅰ部で描いた南米移民史の視点を移民送出国日本の側に変えて、移民政策の起源や発展の過程、政策意義を多面的に解析していく。

第Ⅲ部では、日本の国内政治状況及び国際関係のコンテクストに照らして、南米移民政策の政治的意義や本質に迫る。

一方、本書では、日本と沖縄の特別な歴史的関係を考慮して省略することとした。もう一つの「伝統的移民県」沖縄が辿った南米移民の道は、戦前も戦後もユニークであり、別個に、もしくは、日本人移民のケースと比較して、別の機会に著述できたらと思う（著者の *Exporting Japan*（イリノイ大学出版、二〇〇九年）では、沖縄からの南米移民のケースを日本とは分けて分析している）。

第Ⅰ部

日本人南米移民の歴史

第一章　戦前の移民——招かれざる東洋人

戦前の南米移民の概要

一八六八年の明治維新で新しい時代が訪れ、日本人は堰を切ったように海外に渡るようになる。海外移住者と一言で言っても、士族など比較的高い身分で政府の奨学金を給付されたエリート留学生から、自費留学生、蓄財を目的とした労働者（いわゆる「出稼ぎ移民」）まで形態は様々だったが、最も多かったのが出稼ぎ移民で、彼らは賃金さえ良ければ外国での「3K（きつい、汚い、危険）」の仕事も厭わなかった。当時、低賃金で雇える外国人労働者を受入れていたハワイ、アメリカ合衆国、カナダは、貧しい日本人にとっては大きな可能性を秘めた約束の地であり、二〇世紀初頭までは日本人移民の主な行き先であった（表1-1）。

一方の南米移民はと言うと、ハワイ移民より遅れること約一〇年、一八九九年にペルーに渡った七九〇人が最初の集団移民と言われている。しかし初期の南米移民はハワイ・北米ほどには盛り上がらなかった[1]。二〇世紀の最初の二〇年間で海外移住した日本人の約七割が北米（ハワイ、カナダ、アメリカ合衆国）に向かったのに対し、南米移民は一三%以下に留まっている。

この時期、南米移民が振るわなかった理由のひとつには、ラテンアメリカ地域の経済レベルの低

表 1-1　戦前の日本人海外移住者数（国別）

移住先	1868–1900	1901–1920	1921–1930	1931–1941	合計 (1868–1941)
ラテンアメリカ	911	60,731	85,342	97,962	244,946
アルゼンチン	0	811	2,100	2,487	5,398
ボリビア	0	17	64	168	249
ブラジル	0	28,661	70,913	89,411	188,985
パラグアイ	0	0	1	708	709
ペルー	790	19,378	9,172	3,730	33,070
メキシコ	121	11,428	2,141	977	14,667
その他	0	436	951	481	1,868
北米	129,593	206,698	37,192	727	374,210
アメリカ合衆国	30,130	61,018	16,105	0	107,253
ハワイ	90,572	128,124	12,484	0	231,180*
カナダ	8,891	17,556	8,603	727	35,777
アジア・南太平洋 **	5,202	32,369	26,333	28,463	92,367
その他	33,069	14,764	11,182	5,786	64,801
合計	168,775	314,562	160,049	132,938	776,324

出所）国際協力事業団『海外移住統計』をもとに著者作成
注）* 移住先不明の 26 名を除く
　** 満州，朝鮮，台湾，その他日本植民地への移住者は除く

さがあった。ラテンアメリカ（メキシコを含む）といっても各国の経済レベルは様々だったが、多くは農業中心で、工業発展に乏しい西半球の「後進国」であった。国全体の経済レベルが低く、また、出稼ぎ労働者は地域内の後発国（ボリビアやパラグアイ）から調達できたため、中国や日本からの外国人移民にとっての雇用の機会や賃金にも限りがあった。そのため、儲けを第一にする日本人出稼ぎ移民にとって最も魅力的だったのはあくまで北米であり、ラテンアメリカは二番目または三番目の選択肢だった(2)。

ところが、一九二〇年代になると、北米と南米への日本人移民の流れが逆転する（**表1-1**参照）。北米への移民が急減し、それと反比例するようにラ

テンアメリカ移民が急増していく。一九二〇年代に海外に移住した日本人約一六万人のうち、五三・三％がブラジル、ペルー、メキシコ、アルゼンチンを始めとするラテンアメリカ諸国に移住した。一方、北米のシェアは二三・二％に落ち込んだ。以後、南米は一九三〇年代中頃まで日本人には一番人気の移住先となった。総じて、一八九九年から一九四一年までに南米に渡った日本人は約二五万人にのぼった。

南米移民が「通常」の移民――北米への日本人移民や世界全般の移民――と異なる点は、移民が日本よりもさらに低い経済レベルの国々（ペルー、ブラジル、メキシコなど）に移動していることである。確かに、当時の日本の経済レベルは「発展途上」の段階にあったが、明治政府の富国強兵策の下、産業の近代化や資本の蓄積が進み、経済開発のレベルも速度もラテンアメリカを凌駕していた。この「低い経済からさらに低い経済へ」の移民の流れは一九二〇年代以前の「自由移民」の時代にもみられたが、二〇年代から三〇年代までの「国策移民」時代――送出国日本の政府が移民を政策として奨励した時代――に特に強まっている。この頃、後述するように、南米諸国では反日感情が沸騰し、政治問題にもなっていた。にもかかわらず、日本人移民は未曾有のスケールで増え続けていった。さらに、ペルーやブラジルでも比較的未開発の地域や、ボリビアやパラグアイなど南米最貧国へも移民するようになった。

南米移民のこのような特異性を念頭において、次節以降、戦前の南米移民がどのようにすすめられていったかを概観する。南米移民と一言で言っても、北はキューバやメキシコから南はアルゼンチンやチリまで実に多くの国々に及ぶが、本章では日本人移民が最多だったペルーとブラジルに焦点を絞る。

南米移民のさきがけ、ペルー

一九九〇年、ペルーで行われた大統領選は世界を驚かせた。それまで無名だったアルベルト・ケンヤ・フジモリが無所属で出馬し勝利したのである。彗星のごとく現れたアジア系の容貌のこの人物に対し、「彼はチーノ（中国系）なのかハポネス（日系）なのか？」と注目が集まった。フジモリ大統領（在期一九九〇―二〇〇〇年）は日本人の両親を持つ日系二世だが、彼の出現でインディオとメスチーソ人口で占められるこの国にかなりの数の日系人が存在することが再確認された。

ペルーの日本人移民はブラジルよりも一〇年早く始まっており、南米移民のさきがけといえる。しかし、戦前のペルーで彼らの辿った道のりは平坦ではなかった。また、戦中の日本人迫害の経験から、日系ペルー人はあらぬ疑いや憎悪やねたみを買わぬよう、良くも悪くも目立たないようにして戦後を生きてきた。政治への関与などもっての他だった。

こうした事情から、フジモリが政界のトップに躍り出たことに日系人社会は当惑した。彼が出馬を決意した時には、母親や周囲の人々はペルー社会からのバッシングを恐れて反対したと言われている。日系人社会も正式な支持表明を控えた。南米初の日系（そしてアジア系）大統領の誕生という「ツナミ・ショック」を手放しには喜べず、複雑な気持ちと不安で見守ったのも、日系人迫害という苦い集団の記憶があったためである。

ペルーへの日本人移民は一八九九年、出稼ぎ労働者七九〇人の集団移住を始めとする。この第一回移民は、ペルーの砂糖きび農園主たちを代表する「砂糖きび生産者組合」と日本の移民会社森岡商会の取り決めに基づき実施された国際民間事業だった。

森岡商会はハワイ移民事業で実績をあげていた移民斡旋会社で、会社代表の田中貞吉はペルー契約移民を開始するために「移民拡張許可願い」を日本の外務省に提出した（当時、日本の海外移民事業は民間の手に委ねられており、日本政府は移民会社が提出する移民計画を認可・拒否する規制的役割を果たしていた）。そこには、移民は契約期間を四年とし、一人あたり六〇〇円程度の貯蓄が見込めると書かれていた。ペルー移民はハワイやアメリカ合衆国には及ばないにしても、それなりの蓄財ができると外務省にアピールし、事業開始の許可を求めたのである。

日本政府は森岡商会からの説明をほとんど鵜呑みにしたフシがある。外務省が行った現地調査といえば、メキシコ領事館の公使がペルーに赴き、短期間で情報収集した程度だった。つまり、南米初の日本人集団移民は、移民会社の利益優先の事業計画だけをもとに幕開けしたのだった(3)。

七九〇人（すべて男子）を乗せて横浜港を出港した「佐倉丸」が、ペルーのカヤオ港に到着したのは一八九九年四月三日だった。移民たちは到着後すぐに、カサブランカ、サンニコラスなど、太平洋岸地域の一一の砂糖きび農園に分散入植した。

スペイン語を解さず西洋の生活様式にも不慣れな日本人移民を待ち受けていたのは厳しい熱帯気候とアシエンダ（「大農園」の意）での過酷な労働・生活環境だった。新しい労働環境になかなか馴染まず生産性も上がらない日本人労働者に雇用者は苛立ち、扱いも粗雑になりがちだった。一方の日本人「コロノ（契約労働者）」も不当に酷使され奴隷同然の処遇に不満を募らせた。両者の間ではいさかいが絶えなかった。また、アシエンダの外の社会でもアジアからやって来た有色人労働者は歓迎されなかった。

入植からわずか数カ月後、日本人数人が農園から逃げ出す事件が起きている。そのうちの何人かはカヤオ市内の森岡商会の事務所に駆け込み日本への帰国を乞うた。別の者は国境を越えてボリビアに密入国していった。(4) 脱走できた者はまだ幸運だったかもしれない。農園に残った労働者の間ではマラリアに倒れる者が続出し、最初の一年で一四三人が死去した。

第一陣の失敗にもかかわらず、日本からは第二陣、第三陣の移民が続々とペルーに到着した。雇用主側でも初回の失敗から教訓を学んだのだろう、後続グループの定着率は前回に比べて高まり、死亡者数もぐんと減った。移民の側でも時間の経過と共に新しい労働・生活環境に適応できるようになっていた。労働生産性も向上し、蓄財を始める者も出てきた。

繁栄と排斥

移民の定着率や貯蓄率が上がってきたことは、海の向こうの母国政府にも報告された。こうした朗報に、政府はペルーが日本人移民の好適地だと考え直すようになった。しかし、こうした前向きの評価はあくまで定着率や貯蓄率、外貨送金額というデータの向上にすぎず、入植地や受入国全体で日本人がどのような立場におかれているかという「質・環境」の問題はほとんど問われなかった。(5)

ペルー移民は一九二三年にピークを迎えるが、この年までに移民合計数は二万六三〇人に及んだ。この年、日本・ペルー両国間の契約移民合意が終了し、以後日本人のペルーへの移民は「自由移民」に限られることになった。自由移民は契約移民とは違い、入国前に雇用主と労働契約を結んでいる必要がなく、入国後自由に職を選べることができた。しかしこの場合は、純粋な意味での「自由移民」ではなく、日本政府のアレンジで日系企業や団体が所有する農園に入植が決められていた国策移民だった(詳細は第三章で述べる)。一九二三年より太平洋戦争開始の一九四一年までの合計移民数は、現地で独身男性と結婚する目的で渡航した女性たち(いわゆる「写真花嫁」)を含めると、一万二四四〇人を数える。

ペルーへの日本人移民の特徴は都市定着型であることだ。契約移民の多くはアシエンダとの間に取り交わした契約の期間を終えるや、より良い職を探して、または自分で起業しようと、首都リマ、カヤオ、リベルタードなど海岸沿いの都市に移り住んだ。職業は床屋、酒屋、カフェティーナ(レストラン・カフェのようなもの)、仕立屋、雑貨商などのサービス業が主だった。こうした職種が選ばれた理由は、ペルー人の既得権益を脅かさず、そして、少ない資本金でも開業できたからだ。「目立たず、ペルー人を怒らせず」というのが当時都市部に住んでいた日系人のモットーだった。

その思いとは裏腹に、家族が増えコミュニティが拡大・繁栄するに従い、日系人の存在はいやがおうでも目立つようになった。メリー・フクモトの調査によれば、一九三〇年時点でペルーに移住していた日本人二万四三三人のうち、リマ地区に居住していた者は全体の八六・七%にも及んだ。首都圏での居留外国人の「三人に一人は日系」というほどマイノリティの中のマジョリティになっていた。ちなみに、その他の主立ったマイノリティは、中国系（一九％）、イタリア系（一三％）、スペイン系（五％）だった。(6)

大方のペルー人は日本人が自分たちの隣人となることを歓迎せず、そればかりか、日本人がペルーを「アジア化」してしまうと恐れた。非白人種に対する反感は半世紀ほど前に中国系移民が急増した時にも起きている。これ以上の「アジア化」を政治の力で未然に防ごうと考えた政治家たちは、日本人受入開始四年後の一九〇三年、日本人移民を禁止する法案をペルー国会に上程した。この「日本人移民排斥の建議」は下院を通過したものの上院では僅差で却下された。日本人移民の法的締め出しは避けられたものの、この排日法案は、日本人移民に対するペルー社会の敵意が一時のヒステリー感情といった生易しいものではなく、思想的根拠を持ち政治的に支持された排外運動であることを示唆していた。

図 1-1　ブラジル移住を前に，海軍大臣を訪問した青年団(「写真花嫁」の姿も見える．1933 年 4 月 8 日．共同通信社提供)

日本人移民禁止の動きはその後も鎮まることがなかった。一九〇六年にはペルー政府がヨーロッパやアメリカからの移民希望者に渡航助成金を与える「白人種移住民奨励規則」が成立した。この新法はアジア人などの有色人種の移民の比率を下げることを目的としていた。一九一八年には、さらに過激な「アジア人排斥法案」が議会に出され下院を通過した。同法案は上院で否決されたものの、以後、人種差別的政治の動きは野火のごとく激しく広がっていった。排日運動の旗手となったのは労働組合やポピュリスト政党ＡＰＲＡ（アメリカ人民革命同盟）だった。日本人「侵入者」からペルー国民の仕事や賃金を守るという大義を掲げ、首都圏で反日デモや集会を主導した。

このように、ペルー政界や一般社会で排日・反日の気運が強まっていたにもかかわらず、日本人移民が依然として続けられたのは、ペルー大統領府の力に依るところが大きい。自らも砂糖きび農園主であり、かつてより日本人移民を支持していたアウグスト・Ｂ・レギア（在期一九一九―三〇年）は大統領の座に就くや、移民反対派の勢力を封じ込め、日本人労働者をペルーの農園に積極的に受入れた。移民たちが親愛を込めて「レギアさん」と呼んだように、レギア政権下で日本とペルーの二国間関係は蜜月期を迎えた。一時下火になっていた日本人移民も息を吹き返したかのように、ふたたび盛んになり、一九二〇年代にペルーに渡った日本人は約九〇〇〇人にのぼった。

しかし、レギア大統領の庇護の下での日本人移民黄金期は長くは続かなかった。アメリカ合衆国のウォール街に端を発した世界恐慌の余波がペルーにも押し寄せ、国際商品市場に大きく依存していたペルー経済は大打撃を受けた。経済不安のただ中の一九三〇年、レギア政権は軍事クーデターで転覆し、反日派のルイス・Ｍ・サンチェス・セロが政権を握った。レギアという心強いパトロンを失った日本人移民たちは反日政治家のむき出しの憎悪と攻撃に晒されることになる。

日本外務省関係資料によれば、軍事クーデター後も政治不安が続くペルー国内では、在留日本人や日系社会に様々な危害が加えられた。一九三〇―三一年の暴動では日本人一名が亡くなり、日系事業や資産も放火や強盗、破壊の被害を受けた。日本政府は現地領事館を通じてペルー革命政府に抗議し、日系人が被った損害を賠償するよう要求した[7]。しかし、サンチェス・セロ政権やペルー社会の激しい反日感情にたじろいだのか、抗議をすぐに取り下げている。

反日運動の暴力化にもかかわらず、日本政府はペルーへの移民送り出しを中止しようとはしなかった。それればかりか、在リマ日本領事館は、「ペルー政府を満足させ、高まる反日感情を抑えるため」移民をペルー奥地のウアヤガ渓谷地帯やその他の地方に入植させるという新方針を打ち出した[8]。

クーデターの騒動が収まった後も、排外的ナショナリズムを真っ向から掲げるサンチェス・セロ政権は、日本人移民を制限するのみならず、国内の移民の自由や生活に制限を加えるような諸制度を作りあげていく。その手始めが一九三二年四月に制定されたペルー版「アファーマティブ・アクション」で、国内の雇用主すべてに対し従業員の少なくとも八〇%はペルー人を雇用することを義務づけた[9]。この「ペルー人従業者八割制限令」は、ペルー人労働者を失業から守るという大義を唱いつつも、外国人労働者、すなわち、「マイノリティの中のマジョリティ」だった日本人の雇用を大幅に制限し、これ以上経済進出させないことを真の目的としていた。以後、日本人移民とその家族(ペルー人の配偶者を含む)をとり巻く環境は悪化の一途を辿った。

国際紛争に巻き込まれた移民

ペルー国内の日系人の立場をさらに悪くしたのが日本とペルーの間に起きた貿易摩擦である。当時の二国間貿易は、ペルーが綿花を、そして、日本が繊維を相手国に輸出するという構造になっていた。それが、一九二九年の世界大恐慌によって国際市場での綿花需要が大幅に落ち込み、日本のペルー綿花買い付けも減少した。しかし、一方で日本はアメリカ合衆国から綿花を依然として大量輸入しているではないか――そう感じたペルーの綿花生産者たちは、日本がペルー産品を故意に閉め出している、そして、日本製品の流入がペルーの脆弱な繊維産業を衰退に追いやっていると、日本の「不当な貿易行為」を糾弾した。その他の農業生産者や商業経営者も「綿花ナショナリスト」に賛同し、ペルー議会に日本との交易を中止するよう圧力をかけた(10)。これが奏功して、一九三四年に議会は日本との二国間貿易協定を一方的に破棄する決定を下した。

ペルーの反日姿勢は二国間関係にとどまらなかった。日本帝国主義の拡大を阻止しようとする「北の巨人」アメリカ合衆国に同調し、ラテンアメリカ地域での反日キャンペーンの旗手となる。一九三六年アルゼンチンの首都ブエノスアイレスで開催された米州会議で、ペルー代表団は日本がアジア諸国を侵略、植民地化していると批判した。さらに、日本の帝国主義的行為がラテンアメリカ地域で繰り返されぬよう日本人移民の帰化を規制するよう各国にアピールした(11)。この呼びかけにブラジル、ボリビア、パナマなどが賛同した。

ペルー政府は移民法改変を通じて、明示的ではないものの事実上の日系人排斥を進めた。一九三六年六月、国内に在住する外国人(外国籍保有者)の数を一万六〇〇〇人に制限する移民法が成立した。この時までに日系人は「マイノリティの中のマジョリティ」であったこと、そして、一世のほとんどがペルー国籍を取得せず日本国籍のままだったことから、この新法の影響を一番に受けた(12)。また、翌年の三七年四月二〇日、過去一〇カ月以降(すなわち、一九三六年六月二六日以降)に国内で生まれた外国人には市民権を与えないとする法令が発令された。さらに一九四〇年一一月には、就学その他の目的で親の出身国に滞在した外国人の子弟はペルー再入国の際、（ペルーの）市民権を剝奪されるとの厳しい内容の通告がペルー外務省より通達された[13]。戦前、日本語や日本文化を習得するため日本に「留学」した日系人二世は北米に多かったが、ペルーやブラジルにも相当数がいたらしい。これらの移民関連法も三六年の外国人制限措置と同様、日系人を名指ししていないが、当時の社会状況に鑑みれば、日本人・日系人が標的にされているのは明白だった。

市中でも日系移民を攻撃するヘイト・ポリティクス（人種差別の政治）は激しさを増していた。移民は都市部で好き勝手に商業をして、ペルー人から利益を絞りあげたうえ海外送金で富を国外に持ち出している。日系人経営者はペルー人労働者を雇おうとせず、ペルーの中小企業を破壊している、云々。日系人が国内で繁栄していること、それ自体がペルー経済を搾取しようという日本の陰謀の動かぬ証拠であるとの中傷誹謗が市民の間でまことしやかに語られ、主要メディアで喧伝された。『ラ・プレンサ』誌は都市部だけでなく地方にも「（日本による）アジア化の危険」が迫っていると伝えた。山岳地帯に日系資本が土地を購入し日本人移民を入植させているが、これはペルーの国家主権の侵害に他ならないと言うのだ。「（日本人による）土地の獲得は日本政府がうしろで糸を引いているのではないか。答えはSi（是）である」[14]。差別が激しい都市部を避けるため地方の人口過疎地帯に日本人移民を移住させた日本の意図が裏目に出てしまった。人種的に劣り、西洋文化には馴染まないと、長いこと文化的にも法律上も差別されてきた移民たちだが、今度はペルーの経済発展を妨害する「売国奴」と糾弾された。

日系人狩り

日本・ペルー間の貿易協定が廃止されたことで、反日運動や人種差別は錦の御旗を得たかのごとくに猛威を奮い、緊張は一九四〇年に頂点に達する。五月一三日、リマ市内でＡＰＲＡ党が組織した反日デモの参加者が暴徒化した。彼らは日系人の家や店を次々に襲い、放火し、殺傷行為にも及んだ。ある日系人は、暴徒たちは「トラックでおしかけ、警察に手助けされながらわたしたちの店が空っぽになるまですべて盗んでいった」と証言している[15]。事件の被害総額はリマ市内だけで三九八万ソルに達したと、在ペルー日本領事は外務省に報告している[16]。

一九四一年の太平洋戦争勃発でペルー国内の日系人はさらに苦境に追いやられる。ペルー政府は連合国軍に参加し、日本との国交を断絶した。日本領事館は閉鎖、日本人外交官は全員国外追放された。当時の淀川公使は領事館を閉じるにあたり「日本人たる者は帝国臣民としての誇りを忘れぬこと」との訓示を移民たちに残している[17]。

本国との関係を絶たれ孤立絶望状態にあった日本人とその家族たちはさらなる不幸に見舞われた。国外強制送還が始まったのである。第二次世界大戦中の米国で日系人一一万人余が収容所送りとなった事実は周知だが、実はペルーでも日系人が何の根拠もなく不当に逮捕され、米国の強制収容所に送られた。迫害の対象となったのは日系人男性――日系人社会の有力者及び一般人――で、イカ市日本人会で会長を務めたヒガシデ・セイイチによれば、ペルー警察は米国領事館が作成したブラックリストに基づき、日系人を一斉検挙した[18]。検挙後、彼らは、アメリカ行きの護送船に乗せられ、経由地のパナマでパスポートを押収されたため、米国に入国した際には「密入国者」かつ「敵性外国人」とみなされ、テキサス州のクリスタルシティ、ケネディ、シーゴヴィルにある収容所に送られた。夫や父親を奪われ国内に取り残されていた婦女子たちも家族と「再会」すべく自発的にペルーを出国して収容所入りした。その数は一九四三年一月から四五年二月までの期間で合計一七七一名。日本人と結婚したペルー人やその家族、帰化した日系ペルー人も含まれていた[19]。ペルー以外にもボリビア、ベネズエラ、パナマ、エルサルバドルなどの国々でも「日系人狩り」が行われたが、迫害のスケールはペルーには及ばなかった（国外追放された日系人の八割以上がペルーからだった[20]）。

強制送還を免れペルー国内に残った日系人にも迫害が加えられた。戦時体制の下、日系人五人以上の集会は違法とされるなど市民生活は大きく制約され、頼母子講《たのもしこう》などの互助協会も禁止、多くの日系人の資産が凍結・没収された。日本人移民とその家族が人生をかけて築きあげた有形・無形の資産は、こうして水泡に帰する結果となった。

第二次大戦が終結した後もペルーの日系人にとって平和は訪れなかった。戦中、米国の収容所に収監されていた人々の多くは、収容所から解放された後も長い間ペルーに戻れなかった。前述のヒガシデのようにペルーに帰らず、米国もしくは第三国に再移住する決心をした者もいた。

しかし、強制送還の犠牲者や財産を失った人々に対する公式の謝罪や損害賠償がペルー政府から出されることはなかった。戦後のペルー社会は、戦前の日系人迫害や差別という暗い過去を悔恨することはなく、むしろ、戦争に勝ったことで自らの行いを正当化しようとする風潮の方が強かった。人種差別や偏見は戦後の平和社会でも残り、「被害者」の方が耐え忍ぶ時代が続いた。そして、二度とペルーへの日本人移民が再開されることはなかった。

ブラジル移民前夜

ブラジルは名実共に南米における日本人移民のメッカだ。国土の広さではラテンアメリカ最大のこの国には、現在、四世、五世も含めて約一五〇万人の日系人が生活している。日本国外では最大規模の日系人社会だ。彼らはたゆまぬ努力と忍耐で自立・出世しただけでなく、ブラジル社会にも様々な貢献をしてきた。ブラジル人さえ住みたがらない地域に敢えて入植し、見事に土地を開墾してみせた。そこでは、大豆、黒胡椒、綿花など数多くの農作物が栽培され、国内外の市場に出荷されている(第一〇章で詳しく述べるが、ブラジルの主要輸出産品である大豆も日系農家によって開発された)。また、日本人が持ち込んだ文化、宗教、言語は多文化社会ブラジルをいっそう多彩にした。政界にもファビオ・ヤスダ(一九六〇年代コスタ・エ・シルバ政権に日系人として初めて入閣)、ジョアオ・ススム・ヒラタやディエゴ・ノムラ(共に連邦議会議員)などの有力政治家を輩出した。社会の各方面で繁栄を続ける日系ブラジル人社会。しかし、その華やかな現在とは対照的に、戦前の移民が辿った道のりは南国の太陽が落とす影のように漆黒である。

ブラジルの日本人移民はコーヒー産業の発展と共に歩んできたと言って過言でない。そして、日本人移民の歴史はサンパウロ州などの南部のコーヒー農園から始まる。

ブラジルでコーヒーの生産が本格化したのは一九世紀に入ってだが、国土が広大なこの国では、ポルトガル植民地時代より労働人口の不足が経済のボトルネックとなってきた。「搾取できるはずの」原住民はジャングル奥深くに散在していて植民地労働に狩り出すことができなかった。植民地経営者たちはアフリカ大陸から大量の黒人奴隷を連れてきて労働に充てたが、一八八八年に奴隷制が廃止されると労働者不足が深刻化した。国内の生産を拡大して海外のコーヒー需要を満たすためには外国人労働者の導入が必要だ、との声がコーヒー生産者を中心に高まった。しかし、どこの国から受入れるかとなると、人々の意見は分かれた。

旧植民宗主国ポルトガルを始めとしてヨーロッパ人が何世紀も支配階級に君臨してきたブラジルの移民政策は、白人優先主義を国是としていた。エンリケ・J・レベロ博士が一八三六年に発表した「ブラジルの人口に関する論文」にあるように、「ブラジルの人口を増やす必要があるのなら、ドイツ人、スイス人などの文明国家からの移民を奨励すべきである」というのが主流だった(21)。つまり、ヨーロッパに匹敵する先進文明国を作り上げるためには、人種的に優性である(と信じられていた)白人人口が増えることが望ましく、「人種的に劣っている」日本人や他のアジア系移民はこうした人種志向には適さないと考えられた。非白人種を劣性とみなす優性学的見地は、一八八九年にブラジル連邦共和国建国と共に定められた「外国移民配置規則」にも反映されており、移民はヨーロッパから積極的に受入れる一方で、アジア系移民は制限するのが好ましい、と記されていた。

しかし、ブラジルが渇望するヨーロッパ系移民が確保できない以上、有色人種で補充するしかない。アジア系移民受入れ賛成派は反対派を説得する上で、「黄色人種」は「黒人」や「褐色人種(原住民)」より比較的「白色」に近いため、彼らを受入れても国の民族カンバスは「白色」に近くいられるので妥当だの考えだった。換言すれば、アジア系移民は人種主義と経済実利主義の妥協の産物だったのだ(22)。まったくの疑似科学的論理だが、こうした人種差別的見方は当時では普通だった。一九世紀末の移民政策でも、「欧米人の次に好ましいアジア移民」という基本線は変わらず、ヨーロッパからの移民希望者が不足した場合に限ってアジア人を補充的に受入れるという制約の下にアジア移民を許可する法律が一八九二年一〇月に発令された（条例九七号、「アジア人労働者の移民を許可する法律」）(23)。この新法の成立によって、日本人移民にもいよいよ門戸が開かれることになった。

そうなると、日本人移民開始に向けて日伯両国政府の動きが活発になる。それまで二国間には外交関係がなかったのだが、一八九五年一一月に「日伯修好通商条約」が締結された。ここで日本人移民がすでに言及されており、以後、二国間関係は日本人移民を軸に展開されていく。

海外移民をますます発展させたいと希望する日本にとって、ブラジル移民は戦略的な重要性をもっていた。なぜなら、これまで日本人の主要移住先であったアメリカでは、二〇世紀初頭より西海岸を中心に反日運動が台頭し、政府も日本人移民の規制の方向に動いていたからだ。将来的にアメリカへの移民が制限もしくは禁止されるシナリオを想定すると、日本人の次なる移住先を確保する必要があった。実際、一九二四年にアメリカへの日本人移民は全面的に禁止され、またペルーでも様々な移民規制がとられるようになってくると、米州における日本人移民受入国としてのブラジルの重要性がさらに増して行く。

二〇世紀初頭、ブラジルでも日本人移民への追い風が吹き出していた。一九世紀の末に国内のコーヒー産業が不況に陥った際、イタリア人移民が大挙帰国し、その後もイタリアからは移民が途絶えていたため、労働者不足が問題となっていた。こうした国内労働市場の状況を反映して、日本人移民への期待がにわかに高まってきたのだ。サンパウロ州やミナス・ジェライス州などのコーヒー農園は、日本人移民を奨励する法的受け皿を作るよう連邦及び州政府にロビー活動を行った。共和制に移行して間もないブラジルでは中央（連邦政府）よりも地方（州）の権力の方が強く、特に、州の基幹産業であるコーヒー産業は政治的影響力も強かった（当時のブラジルでは州政府が移民政策決定権を持っていた）。「コーヒー男爵」たちの日本人受入れの運動は奏功し、サンパウロ、ミナス・ジェライス両州政府は日本人移民の渡航費用を負担する助成金制度を設立することを決定した。また、サンパウロ州は州法を改変して日本人移民を合法化した（一九〇六年、条例一〇四五号）[24]。ちなみに、当時のサンパウロ州は外国人の土地所有を認めていて、外国人契約移民も労働契約期間後には農地を所有することが許されていた。外国人による農地所有を禁止していたペルーとは違い、ブラジルはこうした点でも日本人移民にとって魅力的な国だったのだ。

日本人移民が合法化されると、サンパウロ州農務省は三年間で三〇〇〇人の日本人労働者（一二歳から四五歳の男女）を受入れる契約を日本の移民会社「皇国殖民会社」との間に取り交わした[25]。この契約に基づき日本国内では初めてのブラジル移民が募集された。第一陣に選ばれたのは七八一名（主に独身男性）だった。彼らはロシア軍の元病院船（日露戦争で日本軍が接収）を移民船に改造した「笠戸丸」に乗り込み、一九〇八年四月二八日に神戸港を出発、二カ月後の六月一八日にサントス港に入港した。日伯両国が移民事業を交渉し始めてから一〇年後のことである。

「夢の新天地」ブラジルの土を踏んだ移民たちを待ち受けていたのは楽園とはほど遠い農園（ファゼンダ）での苛酷な労働だった。奴隷制を廃止してからまだ二〇年のブラジルでは、外国人、特に、有色人種の労働者は黒人奴隷と変わらぬ扱いだった。また、異国の地での慣れぬ衣食住環境、はかどらぬ仕事と少ない収穫、高い生活費、雪だるま式にかさむ借金に移民たちは落胆失望した。農園主による奴隷に等しい扱いに抗議してストを起こす者もあれば、ファゼンダでの生活に早々と見切りをつけて大都市や隣国アルゼンチンに再移住していく者もいた。日伯両国の支援を得て鳴り物入りで始まった移民の第一回は、その定着率が二六％を下回る散々な結果だった。(26)

第一回の失敗から教訓を学んだ移民会社は、移民の定着率を向上させるため、移民との契約義務を履行するよう雇用主に要請した。これでファゼンダでの日本人「コロノ（雇われ農夫）」の労働環境が一気に改善されたわけではなかったが、少なくとも数字の上では、移民の定着率は徐々に向上し、移民事業関係者を安堵させた。(27)

ここで確認しておきたいのは、初期の日本人移民事業の日本側の代表が民間の移民会社だったことである。国際間で一定の取り決めの下で労働移民を実現するには、両国間の外交手続き以外にも様々な法的、事務的手続きを要した。日本の移民事業は一八九四年より民営化されていたので、移民の募集・選考からパスポートやビザの取得手続き、渡航、最終目的地への移送といった一連の煩雑な手続きは移民会社が請け負っていた。当時、ブラジル移民及び他の南米移民を扱っていた移民会社では、南米移民会社、熊本移民会社、森岡商会、明治移民会社、東洋移民会社、広島海外渡航会社などが大手で、それ以外にも中小の会社が営業していた。これらの移民会社は民間とはいえ、時として「政府」の役割を演じることもあった。例えば、現地では組合や政治の活動、脱走、暴動、ギャンブルなどを禁止し、農園での秩序正しい生活や行動を移民に誓約させた[28]。移民と雇用者との間に諍いが起きると、会社が調停役を務めたりすることもあった。移民たちを教育・保護しようとする会社の努力は移民の定着率の向上に貢献したと評価していいだろう。

肝心の日本政府はと言うと、前述の通り、一八九四年より国の移民事業は民間に託され、政府は「移民保護規則」(一八九四年勅令四二号、一八九六年改正)に基づき移民会社を規制・監督するという最小限の関与をするのみだった。本書の主題である日本政府主導の移民はまだ先のことである。

図1-2　日本郵船の移住者輸送船・若狭丸(1913年．永田稠『南米日本人写真帖』日本力行会，1921年．国立国会図書館蔵)

日本人がブラジルの民族カンバスを「黄色化」する

一九一〇年代前半、ブラジルの移民市場に異変が起こる。ヨーロッパの列強諸国が軍事的拡張を開始すると、それまでブラジルに多く移民を送出してきたイタリア、ポルトガル、スペインが兵力増強のため自国民の海外移民を大幅に規制したのである[29]。ブラジルは白人移民の減少を補うために日本人移民の受入数を増やしていく。一九一四年から二三年の一〇年間で合計二万三九八人の日本人がブラジルに移住したが、これは先の一〇年間(一九〇四―一三年)のほぼ二倍に匹敵する。以後、第二次世界大戦前まで、日本はブラジルにとって最大の移民送出国となった。特に、一九二四年より日本政府が海外移民事業を舵取りするようになると、日本人移民は飛躍的に増加し、ブラジル国内の一大エスニックグループにまで成長した。

日本からの移民が増えたからといって、元来有色人種を好まぬブラジル社会の日本人に対する見方が変わったわけではなかった。むしろ日本人移民が本格化する一九二〇年代には反日感情がその醜い頭をもたげてくる。

ヨーロッパ移民の呼び寄せを奨励し、かつ、有色人種の移民を制限しようとする法案が一九二三年、ミナス・ジェライス州選出の議員から連邦議会に提出された[30]。これが「レイス法」で、日本政府やブラジル議会内のアジア系移民支持派議員たちの強い反対で立法には至らなかったが、排日派は連邦政府から大きな譲歩を引き出すことに成功した。日本人移民への公的支援を打ち切ったのである。

日本国政府は排日気運が高まるブラジル政界の情勢に警戒を強めた。ゼノフォービア(外国人嫌い)が日本人移民締め出しという最悪のシナリオに発展することが最大の懸念だった。一方、ブラジル政府による移民助成金の停止という事態に対しては、上昇気流に乗ったばかりのブラジル移民が途絶されることがないよう先手を打つ決断する。すなわち、対南米移民政策を従来の不干渉主義から直接介入主義へと方向転換し、移民事業全般を政府の直轄としたのだった(詳細は第三章を参照)。この政策変更によって、日本人南米移民は一九二〇年代半ばから三〇年代にかけて未曽有の発展を遂げることになる。

日本からの移民が激増するにつれ、ブラジル社会で彼らはますます目立つ存在となっていった。戦前の日本人移民が頂点に達する一九三三、三四年の時点で、同国への外国人入国者のほぼ半数が日系人という繁栄ぶりだった。「アマレーロ(amarelo 黄色人種の意)」の増加・繁栄は、白人至上主義者の目には、国の民族カンバスを黄色化する看過しがたい現象と映ったことだろう。日系人の増加に比例するように都市部での反日感情も高まっていった。

では、なぜ、逆風の中、日本が移民を続行できたのか。それは日本が移民の入植方法を大きく変更したことによる。一九三〇年代、移民事業を主導していた日本国政府は、新規移民の入植先にはブラジル人と利害の衝突が起きなさそうな過疎地や日本人が少ない地域を選ぶようになっていた。それは、サンパウロ州の北西部やパラナ州、アマゾンのジャングル地帯だったが、ヨーロッパ移民や初期の日本人移民が避けてきた低開発地域や人跡未踏の地だった。このような未・低開発地域に国策移民たちは辺境地開拓者として送り込まれたのだ。

図1-3　ポルトガル語講習会(シアトル丸船内．1917年．橋田正男関係資料．国立国会図書館蔵)

図1-4　コーヒー農園での採取風景(1930年代.『ブラジル情景写真帖』.国立国会図書館蔵)

移民と母国との関係にも変化が表れる。日本への帰国者が減ってきたのだ。鈴木譲二によれば、ブラジルに渡った日本人の約八五%が最終的には帰国を希望していたが、実際に帰国した者はわずかで、大半が日本には帰らずブラジルに残るか、アルゼンチンなどの第三国に再移住していった[31]。

一攫千金、錦衣帰郷を夢みていたはずの移民が帰国しなかったのにはいくつかの理由が考えられる。その一つは、移住先の経済レベルが低く、帰国するのに十分な貯金ができなかったことである。先に述べたように、実際の移民生活は赤字続きで借金の返済に追われ、錦糸の晴れ着はおろか、帰国の旅券を買うような金銭的余裕はなかった。第二に、ブラジルと日本は距離が遠く、まして、アマゾンの奥地などは都市部に出ていくのも容易でなかったため、移民たちはハワイや台湾の移民のように気軽に里帰りすることはできなかった。第三に、生活に窮し帰国を希望する移民に母国政府からの救援は出されなかった。当時、日本には「救助帰国法」という法律があり、緊急時の帰国支援は可能だった。しかし、この法律が実際に適用されることはほとんどなかった。例外的に、一九三〇年世界大恐慌のあおりでブラジルが不況に見舞われた折、日本政府は限定的に移民救援を行っている。しかしこの時でさえ帰国を果たせたのはわずか一七名で、彼らが助けられた理由は「知識階級のトップであり、サンパウロの中島総領事は「君はブラジルで殺すのは惜しい。内地で一旗あげよ」と言って、小田(小田耕介 帰国者の一人で、政府系移民事業団体の幹部)の帰国を許可した。……外の移民はブラジルで飢えて死んでもかまわぬと思っているらしい」と、『大阪朝日新聞』は批評している。また小田の談話では、「移民の窮状は常識を超えてひどいもので、大部分の移民は帰国したいと血眼になって旅費を稼いでいるが、サンパウロの移民組合連合会では、移民から開墾費を一人当り千円供託金として取り、それ以外でも三五万円(一人当り)取り預っているが、組合幹部がこれを帰国費に充てることを断固としてせず、転耕もできない始末」であった。(32)

「錦衣帰郷」の夢がどんどん遠ざかっても、ブラジルに帰化する者は少なかった。(33) 以下に述べる排日的なヴァルガス政権の出現以前のブラジルの国籍法では、外国人の帰化は人種を問わず可能だったが、日本人移民は帰化を選ばず、結婚相手も日本人を選び(これも帰化が進まなかった原因の一つと言われている)(34)、現地で生まれた子供にも日本国籍を取らせた(在伯日本人や日系ブラジル人の国籍に絡む問題は以下に、そして、第一〇章で特筆する)。

ヴァルガスの「いけにえの羊」

日本人のブラジル移民の最盛期にあたる一九三〇年代、ブラジルに大きな政治のうねりが押し寄せる。一九三〇年、ジェトゥリオ・ヴァルガスが軍事クーデターで政権を掌握し権威主義体制を敷いた。政権は、国内の親ヴァルガス派を厚遇する一方で、反対派・異端者を徹底的に弾圧していく。経済恐慌の不安におびえる国民感情を巧妙に利用し、「ブラジル性(Brasildade)」という曖昧なエトスを強調して国民の愛国心を鼓舞した。「公定」の民族基準に適合しない外国人は国家の敵とみなされた。中でも日本人移民はヴァルガスの民族ポピュリズムの格好の標的となった。日本人は、旧連邦政府とサンパウロ州が国民の同意なしに勝手に連れ込んだ「コーヒー貴族の農奴」であり、労働者階級の敵という烙印が押された。また、文化的にもブラジル社会に同化せずに母国の旧習にしがみつく不溶分子だと非難された。ヴァルガス大統領が国内政治を中央集権化したことで州政府の権限が弱体化し、日本人移民は州政府という後ろ盾を失ってしまう。それまで、サンパウロ州は日本人移民を「良き市民」とはみなさなくても「良き労働者」として経済的にも政治的にも優遇していた。その州政府が無力化され、日本人はヴァルガスの排外主義に直接曝されることになった。

ブラジル憲法は一九三四年に改定され、新憲法にはヴァルガスの「ブラジル性」を体現した排日条項が加えられた。「（移民）二分制限法」もしくは「排日法」と呼ばれるこの条文により、「毎年ノ移入民数ハ最近五十年間ニ国内ニ定着シタル当該国人総数ノ二分ノ限度ヲ超ユルコトヲ得ズ（第七項）」。[35]つまり過去五〇年間でブラジルに移住した移民の国ごとの総数を基準として、今後各国から受入れる移民の数は過去の総数の二％に制限するという法律である。この法律が一般に「排日法」と呼ばれる理由は、一八八五年から一九三四年の間に日本人が最も多く移民しており、二分制限の影響を一番大きく受けたからである（一方のヨーロッパからの移民の多くは当該期間以前にブラジルに入国していて同法の影響はさほど受けなかった）。首都圏で日系企業に職や事業機会を奪われていると、日頃からうっぷんを持っていた労働者や中小企業経営者たちは、この「排日法」をとりわけ歓迎した。憲法改正案を作成したヴァルガス大統領自身が「ナショナリズムの崇高な感情を体現した条文」と絶賛したように、この移民法はこれまで有色人種労働者の受入れを経済合理性で正当化してきた資本家の実利主義にヴァルガスのナショナリズムが勝利したことを意味していた。(36)

「二分制限法」によって対外的な移民規制を強化することに成功したヴァルガス大統領は、次に市民文化を「浄化」する諸政策を打ちだす。(37)「Estado Novo（新国家体制）一九三七―四五年」という非常に独裁色の濃い政治体制の下、三八年には、一四歳以下の児童への外国語教育及び外国語メディアも禁止された。当時の日系人社会では『ブラジル時報』や『聖州新報』などの邦字新聞が広く読まれており、日系人間の情報交換やコミュニケーション、そして母国日本との精神的つながりを維持する重要な文化的機能を果たしていた。それが一切発売禁止となったことで、ポルトガル語を解さない多くの日系人（特に一世）は絶望的な孤独感を味わったことだろう。

戦前（そして現在も）、ブラジルの国籍法は「生地主義（jus soli）」の原則をとっていて、国内で生まれた日系二、三世等には出生と同時に国籍・市民権が付与された。また、一世に対しても、戦前のアメリカ合衆国のような厳格な帰化資格（ヨーロッパ系移民に限定）(38)はなかったので、外国人にもブラジル国籍取得の道は開けていた。ところが、一九三六年四月に排日派のヴァルガス大統領によって国籍法が改定され、日本人の帰化は事実上不可能になった。と言うのは、新国籍法では帰化希望者は「本国政府に対し、兵事法令に関する義務を果たしている」(39)ことを証明しなくてはならなくなった一方で、当時の日本の国籍法では「満一七歳以上の男子で徴兵検査前に渡伯した者は、兵役義務が残っているとみなされ、日本国籍離脱はできない」(40)ことになっていたからだ。つまり、日本の青年がブラジルに帰化するには日本とブラジル両国の軍隊で兵役義務を果たさなければならなかった。

こうして、日本人移民とその家族は法的地位をも脅かされるようになった。

一九三四年の移民二分制限法以後、日本人移民は三五年から激減する。一九三三年（二万三三〇〇人）、三四年（二万二九〇〇人）のピーク時に比べ、三五年の移民数はそのほぼ四分の一の五七五〇人にとどまっている。その後六年間に合計で二万二五〇〇人がブラジルに入国したが、その多くはすでにブラジル国内にいる日本人成年男子に呼び寄せられた写真花嫁たちだった。細々と続けられた日本人移民は太平洋戦争開戦の年の一九四一年、「ぶえのすあいれす丸」の入港を最後に三十余年の短い歴史にピリオドを打つ。

一九四二年一月、ブラジルは連合軍として大戦に参戦すると同時に日本との国交を断絶。以後、ブラジル国内に残留していた日系人は「れっきとした」敵性外国人となり、ヴァルガス政権の厳しい弾圧を受けることになる。

日系人社会の指導者約二三〇〇人に逮捕状が出され、身柄が拘束された。日系人がスパイ活動をしないよう、彼らの連絡ルートを断ち切るためだった。また軍事戦略的理由から六〇〇〇人以上の日系人がサントス港近辺の工業地帯から立ち退かされ、資産や所有物を没収された上に国内の収容所に送られた。日系人迫害の嵐は地方にも及び、日系人居住地が排日派の攻撃に遭っている。母国との関係が一切断たれたままブラジル国内に閉じ込められた彼らへの排斥と迫害は、戦争終結まで続いた。

第二章　戦後移民――「楽園」という名の地獄へ

ゆこかサンパウロ　かえろかジャポン
ここが思案のパラー州
聞いて極楽　来てみりゃ地獄
落ちるなみだはアカラ川

ブラジル移民の間で歌われている小唄

戦後南米移民の概要

戦後日本が主権を回復してからわずか八カ月後の一九五二年一二月、汽船「さんとす丸」が一路ブラジルを目指して神戸港を出航した。船には五四名の日本人(一八家族)が乗船していた。外交官でもビジネスマンでもない、日本政府が募集した南米移民の第一号に選ばれた民間人だった。それは「新生日本」が国際移民レジームに復活したことの証しでもあった。

一九五二年より七〇年までに七万九五四三人がブラジル、ボリビア、アルゼンチン、パラグアイの南米諸国とカリブ海のドミニカ共和国に移住した。この時期、海外に渡った日本人移住者はアメリカ合衆国を除けばほとんどがこの南米・カリブ海移住者だった。移住者たちは「地上の楽園」と

表 2-1　戦後の日本人海外移住者数(国別)

移住先	1952-60	1961-70	合計 (1952-70)
ラテンアメリカ	58,353	21,190	79,543
アルゼンチン	2,377	1,708	4,085
ボリビア	3,043	2,215	5,258
ブラジル	44,520	14,938	59,458
ドミニカ共和国	1,319	11	1,330
パラグアイ	6,168	1,586	7,754
その他	926	732	1,658
アメリカ合衆国	50,502	36,115	86,617

出所）国際協力事業団『海外移住統計』をもとに著者作成
注 1）移住者数＝外務省が定住目的の移住者に発給したパスポート数
注 2）沖縄移民は除く
注 3）ラテンアメリカその他の国は，主にメキシコとペルー

いう政府の言葉を信じて、新天地で新しい人生を切り開こうと意欲に燃えて入植地に向かった。だが、彼らを待ち受けていたのは、この小唄で歌われているような「生き地獄」だった。

戦後移民の国別入植状況を見る前に、移民の特色や移住の形態を鳥瞰的に概観しておこう。

南米移民の共通点はいくつかあるが、特筆すべき第一の点は、入植先が低開発地域ばかりだったことである。ボリビア、パラグアイ、ドミニカ共和国（以下「ドミニカ」）のような発展途上国やブラジルの奥地やアマゾン地帯のような辺境地帯だった。都市部からは遠く離れ、侵入者を拒むようにうっそうと茂る原生林や熱帯の気候で開墾はおろか人間的生活ができるような環境ではなく、地元経済は産業に乏しく小規模だった。このような物理的・経済的環境では持続可能な定住は非常に困難だった。一方、ペルーへの移住は戦後期には行われなかった。同国政府が旧敵国からの移民を許可しなかったためである。

このように明らかに不利な入植条件にもかかわらず、日本政府はなぜ移民を出したのか。これに

は敗戦国日本を取り巻く厳しい国際環境が影響していた。占領期、物資の不足、及び、出産ブームと引揚者の帰国による人口増加を解消しようと、政府は国民の海外移住を検討していた。しかし、諸外国に打診しても芳しい返答は得られない。忌まわしい旧枢軸国の国民を喜んで受入れてくれるほど国際社会は寛容ではなかった。特に、日本軍によって被害を受けた国々は、日本人の受入れを断固として拒否した。

反日感情が蔓延する国際社会の中、例外的に日本人移民に関心を示したのが一部の南米諸国及びドミニカだった。これらの国々の経済レベルは総体的に低く社会も貧しいため、移民にとって欧米のような経済的チャンスは乏しかった。しかし、戦争で疲弊しきった日本にしてみれば、国土が広く資源が豊富な南米は可能性に満ちた新天地に思えたのだろう。まさかの友こそ真の友とばかりに、日本政府は南米諸国政府の申し出を喜んで受諾した。

戦後移民は日本と受入国の政府間合意に基づいて実施されたが、入植には様々な条件や前提が付帯されていた。そのひとつが移住は定住を目的とすることだった。この条件は、日本政府（外務省及びその外郭団体「財団法人・日本海外協力連合会」）と移民希望者各人の間に交わされた合意書、及び、移民に給付された一次旅券にその旨が記載されていた。定住が条件ということで、移住希望者の大半は家族同伴で移住している。そのため、家族単位の移住ということが戦後南米移民のもうひとつの特徴となっている。一世帯あたりの人数は平均して五、六人で、夫婦と子供が典型的家族構成だった。

国際協力事業団（ＪＩＣＡ）の統計によると、移民の男女比率は四対三、年齢的には二〇代が二七

表 2-2　移住形態（国別・人・1952-65 年）

職業	ブラジル	パラグアイ	ボリビア	ドミニカ共和国	アルゼンチン	合計*
農業	45,534	6,344	1,605	1,323	1,051	55,936
自営	6,609	5,157	1,605	1,316	431	15,118
被雇用	16,832	990	0	0	89	17,911
指名呼寄せ	22,093	197	0	7	531	22,907
技術	933	0	0	0	9	942
その他	463	14	51	2	74	661
合計	46,930	6,358	1,656	1,325	1,134	57,539

出所）国際協力事業団『海外移住統計』をもとに著者作成
注）*合計数には他の南米諸国への移住者も含む

％と最も多く、次いで三〇代（二一％）、四〇または五〇代（合計で一一％）だった（対象期間は一九五二―七四年、対象人数約八万人）。子供は全体の四一％を占めていた[1]。

南米移民に共通するもうひとつの特徴は移民の職業として「農業（自作農及び雇用農）」が圧倒的に多いことである（**表2-2**参照）。アルゼンチンなどは南米でも工業化・近代化が最も進んだ国だったが、ここでも日本人は農業移民として受入れられている。

また、移住前の日本での職業をみると非熟練労働者が多く、教育レベルも全体に低い。JICAアンケートへの回答者の半数以上が中卒（正確には戦前の旧制国民学校高等科卒）で、高卒は一〇・二％と少なく、大卒以上は僅少だった[2]。おそらく、戦前の非民主的な社会環境で満足な教育を受けることができなかったり、戦後の社会混乱で教育の機会を逃してしまったりしたためだろう。JICA統計では戦後移民の約七割は元農民だったということになっているが、この点は注意を要する[3]。「農業家」の中には、実際の農業経験のない人々も含まれているからだ。しかし、南米諸国が受入条件として、辺境地や未開地を開墾する「農業専門家」を指定してきていたので、日本での職業もそう記載せざるをえなかったのだ。さらに、「農業家」として通るよう即席トレーニングも行われた。移住希望者が農業未経験者であれば、選考試験に合格した後、出発前まで短期集中農業訓練が行われ、出国の際にはれっきとした農業エキスパートとして送り出す段取りになっていた。

さらに、定着率の低さも戦後移民の特色である。以下に挙げる各国の事例からもわかるように、ブラジル、ドミニカ、ボリビア、パラグアイにおける入植地の厳しい自然環境に加え、日本側が策定した移住計画がずさんで事業の監督も不適切だったことや、受入国政府が約束した定住のための支援を怠ったことで、移民の定着がさらに困難になった。本章の冒頭で紹介した小唄の主人公のように、入植地の環境のあまりのひどさに帰国を考える者もあったが、その多くが帰国費用が工面できずにあきらめて国内で別の地域や近隣第三国に再移住することでかろうじて生活をつないだ。結果的に、どの国でも定着率は低く、ブラジル・アマゾン地帯への入植者の場合で四七%、ブラジル中部で四三%、ドミニカに至っては三八%と最低だ。(4)

このような定着率の低さをみて、戦後移民が戦前の先駆者に比べて根性がない、能力に劣る、「怠け者」「落伍者」等々のネガティブな評価を下す向きがあるが、これは不適切ではないか。故郷を離れるに際して、土地や家財はすべて処分し、親族や友人に別れを告げ不退転の覚悟で移住してきた彼らにとって、帰国したり耕地を放棄したりするのは、経済学者アルバート・ハーシュマンが言うところの「退出のコスト(cost of exit)」が非常に大きかった。(5)最初の入植地での定住に失敗した人々の多くは、都市部やアルゼンチンへの再移住を希望したが、貯蓄がないため財政的に困難だった。また、受入国政府との契約上、再移住できない者もいた。こうした障害を考慮すれば、戦後移民の定着率の低さは移民の「質」や「能力」とは直接関係ないことがわかる。むしろ、いかに定住困難な入植地が移民たちにあてがわれたかということの裏返しだろう。

以下、戦後移民がどのようにして発案され、実施されていったかを、ブラジル、ドミニカ、ボリビアの順に国別に概観する。移民事業が始まる年や受入国国内の情勢、入植地の状況などはまちまちである。一方で、「高所得の国から低所得国へ」という移民の流れや、関係政府機関の対応の不手際・ずさんさなど、ケース間に共通する問題点も見えてくる。

表 2-3　家族・単身者別移住者数(国別・1952-74 年)

移住先	家族数	人　数	単身者数	合　計
ブラジル	7,920	40,666	10,710	51,376
ボリビア	318	1,715	56	1,771
ドミニカ共和国	251	1,321	7	1,328
アルゼンチン	325	1,316	970	2,286
パラグアイ	1,128	6,597	144	6,741
その他ラテンアメリカ	16	64	100	164
合　計	9,958	51,679	11,987	63,666

出所）国際協力事業団『海外移住統計』をもとに著者作成
注）この表での移住者数は，定住目的で外務省よりパスポートを給付された日本人の数に等しい

ふたたびブラジルへ

日本政府が南米移民の再開に踏み切った時、戦前一九万人の同胞が居住するブラジルに照準を絞ったのは、ある意味、自然なことだった。しかし当のブラジルはまさに日本人移民を受入れた経験があるからこそ移民の再開には慎重だった。第二次大戦では連合国として戦ったブラジルは戦後も日本に対する不信感が強かった。それでなくとも国内には「アマレーロ(黄色人種＝アジア人)」が多

すぎ、戦争で日系人社会は雲散したとは言え、きっとまた台頭してくるという恐怖心もあった。排日的政治家アドゥロアルド・メスキッタが比喩するように「日本人は硫黄の如く水に溶けない、不同化人種である」との人種差別的見方が依然として強く残っていた。(6)

日本にとってさらに分が悪いことには日本の降伏をきっかけにブラジル国内の日系人の間で流血を伴う諍いが起き、これがブラジル人の日本及び日系移民に対する印象をさらに悪くしていた。この「勝ち組・負け組事件」の歴史的詳細については第一〇章で述べるが、端的に言えば、日本降伏のニュースの真偽についてブラジル国内の日系人社会が真っ二つに分かれ、祖国の敗戦を信じようとしない愛国派「勝ち組」の一部が、敗戦を事実として認識しようとする「負け組」を暴力で粛清しようとした事件だった。日系人の日系人による粛清を目のあたりにしたブラジル人は、日系人の「野蛮なアジア的性質」に恐怖を感じると同時に、日系人の忠誠心がいったいどこにあるのか——祖国日本かブラジルか——懐疑心を持ち、日本人はブラジル国家の良き一員とはなりえないとの悲観的見方が広がっていた。

「勝ち組・負け組事件」は当然のことながらブラジル国内で日本人移民再開についての政策議論を左右することになる。一九四六年度ブラジル連邦議会の場で日本人移民の将来的受入案について討議された際、反日強硬派のミゲル・コウト・フィリオ議員やジョゼ・アウグスト議員は憲法で日本人移民を全面的に禁止しようと新憲法に排日条項を加える案を出した。一方、民主憲法擁護派のハミルトン・ノゲイラ議員などは「憲法中に日本移民禁止条項を挿入するが如きは、人種差別を標榜するに外ならない。それはナチズムに対して、我々が闘ったところの罪悪ではないか」と訴え、コウト・フィリオ案に反対の意を表した(7)。日本人移民を支持するというよりはブラジル憲法の民主的精神を護持しようとしたのだ。

日本人移民問題で新憲法制定審議会は紛糾をきわめ、最終投票でも賛成、反対ともに九九票を獲得し手詰まり状態となった。この憲法論争が「九九票対九九票の危機」といわれる所以である。事態を打開すべく最終判断は同審議会の議長メロ・ビアナに委ねられた。メロ・ビアナ議長はノゲイラ議員同様、排日条項を加えることで憲法が「人種差別的性質」を帯びてしまうことを危惧し、コウト・フィリオ案不支持の立場を表明した。こうして議長の民主主義的裁量のおかげで日本人移民は将来に望みをつなぐことができ、ブラジル民主憲法も救われた。しかしここで忘れてならないのは、ブラジルが当初より戦後の日本人移民を諸手を挙げて歓迎したわけではなかったことだ。そして、以後実施される移民計画もブラジル社会一般に広がっていた日本人に対する疑念と敵対心の中、粛々と進められねばならなかったという事情も、戦後ブラジル移民の軌跡を理解するうえで重要である。

一方の日本政府は、日本人移民の道が閉ざされるのではないかと懸念しつつブラジル議会の動向を見守っていた。そして、「憲法危機」がすんでのところで回避されるや、現地の日系人を介してブラジルの連邦政府、州政府、その他移民事業関連の主要人物と連携して移民再開に向けた外交活動を始めた。サンパウロ市在住の松原安太郎はヴァルガス大統領との縁故を利用して、北西部、北東部、西部に合計で四〇〇〇家族を入植させる計画を立て、これを大統領に売り込んだ。アマゾン河流域の都市ベレンに住む辻小太郎の案では、パラー、アマゾナス両州の国有、州有地に五〇〇〇家族を入植させジュート栽培にあたらせることが計画された。

一九五二年に国家主権を回復した後は日本政府も晴れて外交の表舞台で日本人移民計画をブラジル政府と交渉できるようになった（それ以前は、海外移民を公に語ることさえ占領軍に禁じられていた）。日本が特に腐心したのは、日本人移民の仇敵であり、戦後は民主選挙で大統領となったヴァルガスを説得することだった。大統領の首を縦に振らせるには、日本人移民がブラジルに貢献するものでなくてはならない。日本政府は、戦前の日本人がブラジルの農地開墾や農作物の多角化に貢献してきた過去の実績をあげ、戦後の移民も先駆者同様に未開発・低開発の後発地域に進んで入植し、経済発展に貢献する所存であると力説した(8)。

日本人移民をブラジルの経済発展に役立てようという日本の熱意を知ったヴァルガス大統領は移民再開の方向に傾く。特に、国内でも開発が遅れていたパラナ、マト・グロッソ、パラー、アマゾナス、ペルナンブコ諸州に日本人開拓団を送り込んで農業開発に従事させるという構想は、地域間の経済格差の解消を目指す大統領には願ってもない話だった。大統領が日本人移民に価値を見出し、支持に回ったことで、国内に残る排日勢力が封じ込められ、移民への道が開かれた。

ブラジルの後発地域に開拓者として日本人を移入させる構想の裏には、日伯両国のもうひとつの駆け引きがあった。日本人移民は大統領の支持を得たとは言え、サンパウロなど大都市には日本人移民に対するアレルギーが強く残っていた。一方、日本人の都市移住が嫌われた理由は人種差別以外にもあった。国内の「南北格差」が激しいブラジルでは、低開発と貧困に苦しむ東北部から裕福で活気にあふれた南部に職や富を求めて人口が大量に移入してきて、サンパウロやリオデジャネイロなどの都市部が人口過密になるという構造的問題が深刻になっていた。そこに外国人(日本人)が、それも大量に入ってきたら人口爆発を起こしかねないとの不安があった。都市の人口問題の悪化を回避するため、日伯両政府は移住先を中部やアマゾン奥地の「セルターオ」にすることに合意したのである。

日本人パイオニア移民構想には「身内」からも反対の声が上がっていた。ブラジル国内の社会・経済事情に詳しい地元の一部の日系人が計画の実行可能性を疑問視したのだ。彼らはアマゾンの熱帯雨林がこれまで人間の侵入を拒み、他のセルターオでも旱魃や不作で開墾できなかった事情を熟知していた。実際、過去に幾度となく挫折した経験から、ヨーロッパ諸政府は自国民を開拓者としてアマゾンに入植させることを禁じていた。厳しい自然環境もさることながら、今度の入植先は日本にとっては人跡未踏の地である。そこには当然ながら親族や縁者などの新規入植者を様々な面で支えてくれる人的・社会的ネットワークは存在しなかった。また、診療所、学校、コミュニティセンター、銀行など、異国文化の中で生きる上で暮らしやすい生活環境を与えてくれるような民族系社会インフラもなかった。そのような場所にやってくる同胞たちの将来を危惧した日系リーダーたちは政府の計画に敢えて反対したのだ。在サンパウロのジャーナリストは「当時の日系社会もアマゾン移民には反対していた。しかし、日本側は移民を送り出さないことにはどうしようもない状況だから、とにかく移民を送り、アマゾンからサンパウロに流れて行ったら面倒を見てやってくれと

いってきた。結局、日本側に押し切られるようにしてアマゾン移民は続けられた」と当時の経緯を語っている。(9)

このように先行き不透明な移住計画を日本政府が敢行できたのは、「日伯移住協定」に定められた受入国(ブラジル)政府の支援に依存していたからではないか。同協定二三条には「日本人の植民的移住は、農村特有の活動の遂行のため植民者を土地に定着させることをその主たる目的とし、その移住は、ブラジル合衆国政府が作成する移住及び植民に関する一般的指導計画に従いブラジル合衆国の発展及び日本人植民者の繁栄に最も適切なブラジル合衆国の領域内の地域において実施される」とあり、移住者の入植地決定には、地域発展及び移住の成功という二つの目的が考慮されることをブラジルが約束していた。(10)また、移住は家族単位での定住を条件とすることから、大人や子供が定住するのに必要な道路、学校、病院などのインフラが現地にない場合はブラジルが整備提供することも記されていた(「移住協定」三三、三四条)。困難が予想される未開地開拓ではあるが、日本から有能で意欲ある農業家を送り込むかわりに、ブラジルは開拓者への全面的支援を惜しまない。受入国の後押しがあれば移住計画は必ずや成功する。日本はこのような希望的観測を持っていたのではないだろうか。

ちなみに、右記の移住協定が正式に署名されたのは一九六〇年九月、最初の入植者グループがブラジルに入国してから八年も後のことだ。その間(一九五二―五九年)に入植した約三万人は、移住・定住の基本的諸条件に関する二国間の公式の取り決めがないまま、日本がブラジル各「州」政府とケースバイケースで話し合った条件で移住させられたことになる。二国間協定がないままの非公式な移民事業は、後に受入側の約束不履行や入植の失敗を引き起こす原因ともなった。

日本で移住希望者の募集・選考を行ったのは外務省外郭団体「財団法人・日本海外協力連合会」（通称「海協連」）だ。海協連が作成した「海外移民募集要綱」が各都道府県及び市の役場に配布され、移住希望者は要綱に従って応募する段取りになっていた。要綱には上記の「日伯移住協定」に基づき、渡航費用資金の貸付（要返済）、現地での農業用貸付、渡航支度金などの財政的支援から病院、学校、道路、灌漑などの社会インフラまで様々な公的支援が得られると説明されていた[(11)]。アマゾン熱帯雨林地帯のような僻地でも移住者が安心して生活できるように必要なものはすべて整っている、もしくは相手国が用意してくれるとの海協連の説明を聞けば、移住計画は日伯両政府に支援・保護されているのだから大丈夫、とだれもが思ったことだろう。募集要綱にはさらに、「開墾に成功した土地は無償で提供する」という非常に魅力的な条項が付されていた。狭い日本を離れて南米の大地で大土地所有者になれるというブラジリアン・ドリームは移住者の意欲を大いに沸き立たせた[(12)]。

本章の冒頭で述べたように、戦後移民第一団五四名は一九五二年一二月に日本を出発しているが、その後、ブラジル移民は年々増加し、年平均で五〇〇〇人の移住者を出すまでに盛りあがった。日本人ブラジル移民五〇周年の前年にあたる一九五七年には移民フィーバーは頂点に達し、この年に渡伯した日本人は九四〇〇人を数えた。移住開始より二〇年間での移民の合計数は五万九四五八人となり、戦前レベルには及ばないものの戦後の日本人海外移民では最大規模となった。

移民たちはどのような気持ちで移住を決心しブラジルに渡ったのだろう。動機は様々であり、ここで一括りにして言えるほど単純ではないだろう。ただ、海協連（そして究極的には日本政府）の言葉を信じ、新天地で一旗あげることを夢みたのは皆同じだったのではないか。

しかし、政府が提示した移住の好条件が「作り話」に過ぎないことを移民たちは早晩知ることになる。一九五四年にパラー州ベルテーラの「国立ゴム試験農場」（かつてはフォード自動車の所有地）に入植した四〇〇人の場合、入植以前のアマゾン河を航行する船上で早くも「条件変更」を言い渡されている。日本移民政策史の研究者で元海協連職員でもあった若槻泰雄がこのいきさつを『外務省が消した日本人』で記録している(13)。船上でベレン領事によるあいさつに続いて、日系人社会の名士で海協連のアマゾン支部の代表者でもあった辻小太郎（前述）が実際の支払い賃金は募集要綱に記載されていた金額の三分の二に減額されることを告げた。唐突で一方的な通告に移民たちは憤慨し、さらに「（生活に困った時は）原生林の中におちている椰子をひろって（近くの市場で）売れればなんとか生活できる」などの心ない進言に「乞食じゃあるまいし（中略）ばかにするにも程があるぞ！」と抗議してはみたものの、日本に引き返すにはすでに遅く、新たな条件を飲むよりほかなかったという。

戦後ブラジル移民の中には、「自営開拓農」という形でブラジルの公営植民地一二カ所に入植した日本人が三九一九人いた(14)。しかし「自営」とは名ばかりで、実態は州政府に雇われた雇用農であり、政府との契約で定住地や労働条件において制限を受けていた。彼らも土地の開墾に成功すればその土地が手に入ると約束されていたが、実際には開墾後も政府から土地を分配されないケースが相次ぎ、移民と政府の間のトラブルも絶えなかった。実は、開墾地の譲渡には土地の規模、作付け農産物の種類など、細かい付帯条件があった。簡単には土地を譲渡させないための仕組みだった。しかし、こうしたことは海協連の募集要綱には明記されておらず、移民たちにも知らされていなかった。長年の苦労と努力の末に土地所有の夢が消え、将来の見通しも立たない中、もとの入植地を離れて別の場所に再移住し、コロノ(小作農)に転じる者も多かった。

困難を乗り越え、自立・自活できた家族もあったが、そこまでには二〇年近くを要することもあった。一九五三年「あふりか丸」で両親、祖母、兄弟の合計七名で仏領ギニア国境近くのアマパ州マカパ市に入植した須田清子の場合、当初は所定の作物を栽培するが成功しなかった。幸い、白菜やナス、キュウリなどの種を持ってきていたので植えてみたところ、収穫があったのでこれらを売って生計を立てることにした。現地の人々には馴染みのない日本野菜の料理の仕方を近所に教えて回ったという。「ポルトガル語ができないのにどうやって会話したのかわからないが、とにかく少しずつ買ってもらえるようになった」と回想している(15)。

アマゾン河河口に近いトメアスー植民地も戦後移民の成功例である。熱帯の苛酷な風土でも農作物が育つような独自の農業技術を駆使した結果、ジュート、ココア、黒胡椒などの現金作物の栽培に成功した。今日これらの農産品はブラジル国内だけでなく海外にも輸出され国の外貨獲得に一役買っている。そしてトメアスー植民地とそこに働く日系農家もアマゾンにおける農業開発の優良モデルとして賞賛されている。

しかし、戦後の日本人ブラジル移民の全体像の中ではトメアスーの成功例はあくまでも小数派である。多くは、海協連や農林水産省が用意した農業開発計画に従って開墾作業をしたにもかかわらず失敗している。東北部ペルナンブコ州のリオボニート植民地では、海協連が指定してきた農作物が現地の環境では育たなかったので、かわりに花を栽培することに決めた。海協連の現地スタッフには「花より団子。腹の足しになるものを作れ」と一蹴されたという。[16]それでもめげずに花の品種改良を重ねた結果、花卉の商品化に成功し、リオボニート植民地は地域でも屈指の花卉センターに成長した。役人の指導に従わなかったのが功を奏したのだ。もちろん、海協連の現地スタッフや大使館の思慮深い、適切なアドバイスのおかげで移民たちが救われた例も散見でき、「日本政府は移民たちに救いの手をまったく差し伸べなかった」と、断罪することはできない。[17]だが、困窮する日本人移住者——その多くが日本国籍のままであり、日本政府は保護責任を負っていた——に対し、日本がしかるべき援助・支援を行わず、彼らの尊厳を傷つけるような言動をしたケースのほうが圧倒的に多かったのは歪めない事実である。

「カリブ海の楽園」の悲劇

二〇〇七年六月七日、東京司法裁判所で一つの判決が下された。一九五〇年代、カリブ海の島国ドミニカ共和国へ渡った日本人移住者一七〇人が日本国政府を相手取って総額三二億円の損害賠償を求めていた裁判で、判決は原告の提訴を「期限切れ」として却下した。原告側の事実上の敗訴だった。「ドミニカ移民訴訟、国の対応「違法」」(『朝日新聞』二〇〇六年六月七日付)、「ドミニカ日本人移民訴訟、「賠償請求権は消滅」と棄却」(『読売新聞』二〇〇六年六月七日付)。ニュースは新聞各紙の一面で大きく報じられたが、ドミニカ共和国という日本にはあまり馴染みのない国に戦後日本人が集団で移住していた歴史をこのニュースで初めて知った人も多いだろう。

日本人のドミニカ移民はブラジル移民より四年後の一九五六年に始まっている。この年から一九六〇年の五年間で一三二一名が農業移民として入植した。それまで経済・外交関係が皆無に等しかった両国間に日本人の移住話が持ち上がったのは偶然の成り行きからだった。

一九五四年当時、ドミニカでは外国人労働者移民の導入が検討されていた。そこに日本人代議士上塚司がラファエル・L・トルヒーリョ大統領を訪問し、日本人移民の話を持ちかけた。これが端緒となって、両国政府の高官レベルで移民計画についての交渉が始まり、一九五六年五月に移民取り決めに関する書簡が二国間で締結された。そして一九五六年に日本人移民第一陣を送り出す運びとなったのである（他の南米移民とは異なり、日本はドミニカとの間では公式の移民協定を締結することはなく、「交換書簡」が唯一の公式文書となった）。

スペイン語圏に属し、当初はスペインからの移住者を想定していた同国が、なぜ馴染みの薄い日本から移民を受入れることにしたのかについては諸説がある。トルヒーリョ大統領がかねてより親日的であったからだとか、アメリカのニクソン副大統領（一九五五年当時）が日本人移民の優秀さを讃えたからだとか言われている。(18) いずれにせよ、日本人受入れはこの独裁者の個人的裁量で決定されたようである。そしてこのことが、後に日本人移民を窮状に立たせる一因ともなる。

思いがけなく得たドミニカ移民のチャンスに日本の外務省は色めき立ち、「海協連」に移民募集要綱を作成するよう指示した。募集要綱は先の交換書簡に沿う形で作成され、移住希望者には渡航の助成金の供与（日ド両国が分担）、農機具の提供、住居、保健及び教育の支援などがあると記述された。海協連は全国の各支部（「地方海外協会」）を介してパンフレットを配布していった。移民開始があまりに待ち遠しかったのか、海協連は二国間合意の成立を待たずに募集要綱を一般配布し始めている。

移民募集要綱は、移住先がドミニカという馴染みの薄い、しかも発展途上国であるという不利を補って余るほどの好条件を列挙していた。とりわけ移住希望者の目をひいたのは、三〇〇タレアの土地の無償譲渡という条項だった[19]。三〇〇タレアというと約四五エーカー、東京ドームが数個入る大きさである。その土地が無償で手にはいるというのだから、狭隘な国土に生まれ育った日本人には夢のような話である。ドミニカ移民のニュースを伝えた日本の新聞も「カリブ海の楽園ドミニカ」、「気候はハワイと同様」、「夢の国ドミニカ、大名行列で入植、生活豊か、女は労働しない」などの美辞麗句を並び立てて移民熱を煽った[20]。

当時の日本国内のドミニカ移民の人気はブラジル奥地やボリビアのそれを上回っていた。初回の募集には応募が殺到し、最終選考に選ばれた一八五名は「まるで宝くじにあたった」かのように喜んだという（一方、「ドミニカくじ」にはずれた人たちはボリビアに移住した）。

しかし、現実のドミニカは「カリブ海の楽園」とはほど遠かった。同国は西半球の中でも低開発国に属し、経済指標を見ても、国民一人あたりのＧＤＰは五四〇〇米ドル、乳児死亡率は一〇〇人に三・六人、失業率は二〇％（いずれも二〇〇三年時点）と相当低い。国の主な産業は当時も今も農業（ＧＤＰの一五・六％）だが、日本と似て、耕作可能な土地が少ないうえに人口密度が高い。つまり日本と同じ構造問題を持つ国なのである。実際、ドミニカは米国などに数十万人の移民を「輸出」して外貨を稼ぐ移民送出国である。わざわざ外国から、それも日本のように発展レベルの比較的高い国から農業移民を輸入するような必然性はなかった。実際、日本人移民が送り込まれたのは農業に適さない山岳地帯や地政的に危険度の高いハイチとの国境地帯だった[21]。トルヒーリョ大統領もブラジルのヴァルガス大統領と同じく、日本人を未開地開拓のパイオニア移民と位置づけていたのだ。

移民たちはドミニカに到着した後、いくつかの小グループに分けられ、受入国が用意した国営植民地（コロニア）に移送された。最大のコロニアは隣国ハイチとの国境近くのダハボンで、ここには第一回入植者を始めとして合計で五八家族三四〇人を受入れた。次いでアグア・ネグラには三一五人、コンスタンサに二二〇人が入植した。移住者たちはこれらの新しい居住地がどういう環境かは事前に知らされていなかった。

「人間の砦」

地元の人間でも入植できなかった（またはしたがらなかった）後発地域を日本人が独力で開墾できるとトルヒーリョ大統領が本当に信じていたのかは定かでない。しかし、ここには大統領のもうひとつの政治的思惑が働いていた。ドミニカは隣国ハイチとヒスパニョーラ島を二分する形で存在するが、歴史的に両国の関係は友好的でない。近年には貧しいハイチからの密入国が後を絶たず、ドミニカは国境防衛に苦心してきた。そこで、日本人を国境地帯に入植させてハイチからの密入国者や不法居住者を追い払おうとしたのである。文字どおり安全保障のための「人間の砦」だった。「移住者に異存がないかぎりにおいて優先的に国境地帯に入植させることを特に望む」という政府の意向は日本側にも伝えられたという[22]。国境地帯に移民開拓村を建てて国境警備を固めるという戦略は、日本の屯田兵による北海道開拓やソビエト国境沿いの満州開拓村を彷彿とさせる。また、南米パラグアイでも同じ地政学上の目的でアルゼンチンとの国境沿いに日本人移民が入植させられた[23]。

国境地帯入植計画に込められたドミニカ側の政治目的を日本が察知していたのだろうか。ダハボンや他の入植予定地の地政学的状況や農業適性、経済状況、風土など、各分野の専門家が現地調査を行えば、受入国の説明とは異なった客観的評価・判断をしたかもしれない。しかし、当時の外務省や海協連では、徹底した事前調査を行ってから移住を決めるという慎重さよりは、なるべく短期間でできるだけ多くの日本人を送り込みたいという焦燥感・切迫感の方が強かったというのがドミニカ移民現地調査団を始め当時の状況を知る人々の印象である。若槻が日本の戦後の移民政策は「どこへでも主義」だったと批判したように、ドミニカだけでなくブラジル、ボリビア、パラグアイに日本人を移住させるにあたって、受入国の言うがままに決められた移住地に国民を送り込んで行った。ドミニカの場合、農林省の係官一、二名が数日の現地調査で最終決定を下すという性急さだった[24]。

ドミニカ農務省は国内法「コロニア法」に従って移住者に耕作場所だけでなく農作物の種類も指定してきた。日本人農家はピーナッツ、とうもろこし、タバコ、コーヒーなどの現金作物の栽培を指示され、従わない場合には国外退去処分という厳罰が科せられる恐れもあった[25]。しかし、これらの指定作物はドミニカ政府の専断によるもので、日本人移住地の土壌に適しているかどうかということは配慮されていなかった。入植者たちはこれらの作物の栽培にことごとく失敗している。

さらに、耕作地は泥沼か、ひからびた不毛地で、付近には農業用水も乏しく、移民募集要綱に書かれていたような灌漑システムも完備されてはいなかった。農作物を市場に輸送するための道路さえなかった。移住者の中にはもっと農業に適した土地への移転を希望する者もいたが、国内再移住は禁じられていた。ドミニカ移民の実態を調査した今野敏彦と高橋幸春によれば、「移住地はピストルを携行した農務省の管理官によって「善行」をなしているか常時監視された。時には、日本人移民も移住地の整備と称して定期的に労働に駆りだされ、命令に逆らうといやおうなく留置所送りになった」[26]。まるで封建制の農奴のようにコロニアに縛り付けられていたことになる。たとえ移転の自由があったとしても、国内の肥沃な土地はすでにドミニカ人か他の外国人農家が入植していたので不可能だった。

移民は資金と食糧が欠乏する中、起死回生の策として栽培可能な農作物を探しだし、農業・社会インフラを自力で立ち上げた。ダハボンでは米の品質改良を目指し、一〇年の試行錯誤の末、三期作米の生産・商品化に成功した[27]。その後コロニアの住人たちは徐々に生活を建て直していった。しかし、ダハボンの成功は例外的で、他の国営植民地の入植者たちもダハボンに劣らぬ努力をしたにもかかわらず経済的自立を達成することはできなかった。コロニアでの居住が長びくにつれ借金が嵩んで貧困と病気が蔓延した。乳児の栄養失調による死亡や不審死を含め、死亡者は二〇名に及んだ[28]。

日本人移住者とドミニカ政府の間には土地所有をめぐって法的トラブルも起きている。前述の通り、ドミニカに移住した人々の動機の多くは「三〇〇タレアの土地無償譲渡」という入植条件だった。しかし、「三〇〇タレア」を謳った海協連の募集要綱の内容とは異なり、ドミニカ政府が実際に各移住家族に配分してきた土地は、ダハボンで一世帯あたり平均八五タレア、コンスタンサでは五〇タレア（当初の計画では一〇〇タレア）と、小規模だった(29)。後発グループへの配分はさらに小さかった。「約束」と現実の食いちがいに気づいた移住者はドミニカ政府に強く抗議したが、当局はこれを威嚇や暴力で押さえ込もうとした。

この時、日本政府はどう対応したのか。移民の先発グループが土地分配に関する法的トラブルでもめているにもかかわらず、日本からは後発隊がドミニカに入植し、同様の問題に巻き込まれている。両者の仲介役であるべき日本大使館や海協連ドミニカ支部は、困窮した国民の救援や、トラブルの調停などの援助は施さなかった。移民たちには待って成り行きをみるようにとの凡庸な忠告だけが与えられた。

冷戦に巻き込まれて

日本人移民とドミニカ政府との関係が悪化する一方で、ドミニカを取り巻く国際政治も一九五〇年代末より非常に不安定になり、移民たちの将来展望をさらに暗くしていった。一九五九年一月、キューバでフィデル・カストロ率いる革命軍が首都ハバナを占拠し政権を奪取した。以後、キューバがアメリカと対立する姿勢を強め共産化が進むと、親米派独裁者トルヒーリョが支配するドミニカもいやおうなく冷戦にひきずり込まれていく。アメリカのキューバ封じ込め政策の尖兵となったトルヒーリョは、カストロの共産主義と真っ向から対決する姿勢をとった。キューバ軍の度重なる襲撃でドミニカ国内の治安が乱れ、移民たちのコロニア周辺でも危険が感じられるようになっていた。外からの情報も乏しく不安な毎日が続いたという。

ドミニカ国内にも政変が起き、移民を取り巻く環境はさらに悪化する。一九六一年五月、トルヒーリョ大統領が暗殺され、国内は内乱状態となった。政敵が多かった独裁者の死で反日派の一部が勢いづいた。彼らにとっては、日本人はトルヒーリョが勝手に外国から連れてきて庇護した憎むべき存在だった。日本人に与えられたコロニアも政府が民衆から不当に接収したものだとして略奪、占拠の対象となった。都市では反日デモが起き、デモ隊の人種差別的な罵声が日本人に投げかけられた。

行く先を憂慮した移民たちは最後の手段として母国政府に救援を願い出る(30)。集団帰国の要請は一九五九年頃からネイバなど複数のコロニアで出されていたが、直接の窓口だった日本大使館や海協連ドミニカ支部に無視され続けていた。陳情した移住者や後にドミニカ移民訴訟団を代表した弁護グループ(「ドミニカ移民現地調査団事務局」)は、政府のこうした対応はドミニカの惨状が外部に漏れることを恐れた隠蔽だったと非難した(31)。この点について、外務省移住局長は国会外務委員会において、「日本へ移住者を帰すということは、うまくいっておる他の地区に対してもいろいろ動揺を与えますし、また、南米の他の移住地区にも非常な影響を与えるのでありまして、慎重を期して、できるかぎり初志を貫徹するように指導したい」と考えての対応だったと答弁している(一九六一年五月三〇日)(32)。

日本政府が重い腰をあげて移民救援に乗り出したのは、問題を日本のメディアや公明党議員が取りあげ、公の場で政府の責任を追及し始めてからのことである[33]。「国の援助等を必要とする帰国者に関する領事官の職務等に関する法律」に基づきドミニカ移民の帰国が一九六一年九月に決定、翌月から帰国作業が始まった。翌年までに一三三家族六一一名が政府の用意した帰国船で横浜港に帰還した。他の七〇家族は南米に再移住し、最終的にドミニカに残留したのは四六家族だった[34]。結果として、ドミニカ移民の残留率は四割を割り、戦後南米移民でも最低レベルとなった。こうして日本初のドミニカ移民計画は不名誉な形で幕を閉じ、数十年後に国を相手どった集団訴訟へと繋がっていく。

ボリビア移民「進め東部へ」

南米大陸の中心部に位置するボリビアは西半球でも最貧国に属する。一九五五年当時の経済指標によれば、人口一人あたりのGDPは四六九・二米ドルと低く、産業は農業や鉱業が主である。政治的にも非常に不安定で、寡頭政治が長期間支配してきた。国民は貧困や圧政をのがれて比較的裕福で自由な隣国アルゼンチンなどに移住してきた。このように歴史的に移民「送出国」であるボリビアに、戦後、日本は合計で約五三〇〇人の移民を送り出したのである。

一九五〇年代に移民が開始される以前、ボリビアでの日本人の存在はほとんど皆無だった。あるとすれば、二〇世紀初頭、ペルーの砂糖きび農園から脱耕した移民数名が国境を越えてボリビア側に密入国し、アマゾン熱帯雨林地帯のゴム農園で「セリンゲイロ(ゴム液採集者)」として働いた足跡くらいのものだ[35]。戦前ゴム景気に沸くボリビア北部の町リベラルタに日本人居住地があったということだが、これも一九二〇年代の「バブル崩壊」でゴム産業もろとも消滅している。また第二次世界大戦が勃発すると、ボリビア政府は連合軍に与し、国内の日本人約一〇〇人をアメリカの日系人収容所に強制送還している（戦後ボリビアに帰国できたのは一〇人以下だった）[36]。

戦後日本人のボリビア移住は、日本政府でなく民間人の主導で開始されている点で他例と異なる。一九五五年、日本国内で精糖業を営んでいた西川利道が日本外務省に移植民計画を持ち込んだ。ボリビア東部のサンタクルス州に砂糖きび農園を作り、日本人労働者を移入するという。この計画にはボリビア政府も合意し、一万五〇〇〇ヘクタールの土地を提供すると約束した。外務省移住局は現地調査を行った後、西川計画を認可した。こうして、入植予定地サンファンに向けて一六家族八六人が移住することになった[37]。

計画を実行したのは「サンタクルス日本人農業共同組合」という組織だったが、外務省公認のこの団体も、西川の個人資金だけが頼りの小さなものだった。第一団は西川自身が率先してボリビアに入国したが、サンファン到着後数カ月で暗礁に乗り上げてしまう。生い茂る熱帯雨林は入植者の行く手を阻み、開墾はままならなかった。結局、西川は子供を含めた八六名をジャングルに置き去りにして帰国してしまった。

皮肉なことに、西川計画の頓挫にもかかわらず日本政府はボリビア移民への関心を強めていた。外務省外交史料館の記録によれば、政府は西川計画に先んじること一九五二年八月頃からボリビアとの移民協定についての交渉準備を始め、五四年には同国政府と実際の交渉が開始している。

実は、このころ沖縄からの移民が日本人移住予定地近くにコロニアを建てたのだが、原因不明の風土病で病人が続出し、開墾計画も頓挫していた。在ペルー臨時代理公使は重光葵外務大臣宛ての書簡で「多数の犠牲者を出したのは昨年暮れのことで、今は事態も納まっている」、「しかし、うるま〔当入植地の俗称〕の失敗をもってボリビア全土を同様に解してはならない。ブラジルへの脱行者の口よりうるまが全く地獄のように喧伝されているキライがあるがそれはおおきな誤りである。〔中略〕逆にウルマの体験を邦人移民に生かさねばならぬ」と進言している。(38) 公使はうるま植民地の挫折は誤った入植場所を選択した結果のことであり、適所を選びさえすれば失敗はないと確信していた。

当時、ボリビアに先立って移民が開始されていたブラジルでは、日本人移民が目標値に届かず低迷していた。そのためか、ボリビア移民に寄せる日本政府の期待は大きく、外務省では、西川や沖縄移民の失敗で簡単に翻意することはできなくなっていたのではないか。

一方、第二次大戦における敵国の国民を移民として受入れようというボリビアの狙いは何だったのか。同国では、東部低地で開発が遅れている地帯を近代化させたいという希望が戦前よりあった。一九五二年樹立した「国家革命運動(Movimiento Nacional Revolucionario)」政権は「進め、東部へ(Marcha al este)」構想を打ち立て、人口の多いアンデス山脈地帯から東部低地への移住を奨励した。入植開墾者には五〇ヘクタールの土地が無償譲渡されるとのインセンティブも与えられた。しかし、国民の反応は鈍く、開発計画も立ち遅れとなっていた。こうした経緯から、ボリビアの開発主義者たちは日本人に原生林開拓者の役割を託したのである。

一九五六年、日ボ両国間に「日本人移住協定」が締結される。これは日本にとって戦後初の移民協定であった。五年間で一〇〇〇家族（約六〇〇〇人）をサンタクルス州の「サンファン植民地」に入植させることが取り決められた。また開墾者には最大で五〇ヘクタールの土地を無償譲渡することや、開拓計画を支援するための農業・社会インフラを完備することもボリビア政府が約束していた。移民の渡航費用は日本側の負担となり、海外移住者への貸付を専門に行う政府系の金融機関「日本海外移住促進株式会社」を通じて貸し付けられることになった。

一九五七年、最初の移住者グループ一六〇家族五九一名がサンファン植民地に到着した。その後数回にわたって、約五三〇〇人が日ボ移住協定のもとで移住した。

日本人グループ第一陣は到着まもなく、入植地に用意されているはずのインフラが皆無であることを知った。ボリビア政府がこれからインフラ作りをする気配も見られなかった(39)。植民地の周囲には高さ数十メートルの熱帯原生林が覆い茂り、木々があまりに早く成長するので獣道もできぬほどだった。舗装道路などなく、移住者たちが「馬殺しの沼」と嘆いたぬかるみだらけで、外界からは遮断されていた。移民たちはこの原生林をマチェーテ（大鉈）だけで伐採し農地を開墾していかねばならなかった。雨期に入植したグループの一人は、「翌日も翌々日も雨が降って、ぬれた衣類を乾かすどころか、森林に囲まれているのにお湯をわかす薪にも困ったほどです（中略）半月ぐらい雨が降り続いたかなあ」と語る(40)。

海協連が選定した種類の農作物は栽培してもほとんど育たなかった。入植以来日本の移住行政担当者への不信感を募らせていた第一次入植者グループは転住を考え、また悲劇が繰り返されないようにと、後続部隊の送り出し中止を日本のメディアや政治家に訴えた(41)。

人間らしい生活や持続的経済活動を営む上で欠かせない社会・経済インフラが準備されていなかったのは協定を反古にしたボリビア政府の責任だろうが、約束の履行を強く求めなかった日本政府にも落ち度があったのではないか。さらには、自力で道路や橋を建設しようと入植者たちが建設機械購入資金の援助や助成を海協連に出願したにもかかわらず、その申請が拒否され続けている(42)。日本の移住行政がサンファン移住地問題を真剣に考え、現行の計画を修正しようと「サンファン移住地再建委員会」を設置したのは一九五九年に入ってからのことである。その後は、本国からの支援もあって事業は再建に向かったが、入植者たちの生活が安定するまでにはさらに数十年を要している。

第Ⅱ部

国策としての南米移民

第三章　移民支援制度の構築

一九二三(大正一二)年九月一日に首都圏を襲った大震災は、日本の対南米移民政策にとっては歴史的な分水嶺となった。震災直後、山本権兵衛内閣は、震災で家や仕事を失った被災者への救済策としてブラジル移民を奨励することとし、移住希望者一一〇名に対し一人あたり二〇〇円の渡航費用助成を給付した(1)。少額ながらも政府が八年ぶりに拠出する海外移民関連予算だった(緊縮財政のため一九一五―二二年まで移民予算は凍結していた)。国策としての南米移民の幕開けである。

移民政策に関する初期の言説

すでに述べたが、日本人の海外移民が本格化した一九世紀末期の頃、日本政府は南米移民に関しては消極的だった。それにはいくつかの理由があった。第一に、日本にとっての経済効果＝外貨送金の見込みが低かったことである。ペルーの場合、第一回移民七九〇人中、初めから母国へ送金ができたのは二七〇人で、金額も一人あたり五〇円程度であった。ハワイ、アメリカに比べるとかなり低額である。ブラジル移民からの送金額はさらに低く、日本人移民史研究家鈴木譲二の見積もりでは、一人あたりの平均送金額はアメリカの一割、ペルーの三割弱に留まっている。これは、南米諸国の経済レベルが北米に比べて低く、労働者賃金も相対して低かったため、外貨送金にも限界があったことが背景にある。外貨獲得という出稼ぎ移民の旨味が見出せないため、政府は南米移民を積極的に奨励しなかったのだ。

政府の消極姿勢の第二の理由は、当時の日本の国際関係や国防の面で南米の優先順位が低かったことである。一九世紀後半、アジアでヨーロッパ列強の覇権争いが激化する中、自国の安全保障と欧米との力の均衡を図りたい日本は、アジア進出に乗り出す。日清戦争や日露戦争を経て台湾、朝鮮を植民地化し、第一次世界大戦参戦で中国山東省のドイツ権益を取得するなど、日本の領土が拡大するに従い、邦人の海外移住も帝国主義的活動と並行して進めるべきとの意見が強まった。移民は台湾、朝鮮、満州という日本の戦略的重要地域に集中的に送られるべきだという考えである。小村寿太郎は、桂太郎内閣外相当時、この戦略を「満韓集中論」と呼び、強調した[2]。この一極集中型移民政策から見れば、中南米など日本の勢力圏外への移民は、国家の人材や資源を分散させることとなり、非効率なだけでなく国益を阻害しかねない。

日本の軍部は、小村の「満韓集中論」に賛同し、日本の戦略的地域以外への国民の移住には強く反対した。兵役義務のある成年男子が大量に海外に出てしまうと、予備役兵員数が

表 3-1　日本人移民送金額（1918-26年）

国　名	送金額（千円）	1人あたり送金額（円）
アメリカ合衆国 *	143,692	1,075
ハワイ	49,552	387
ペルー	5,155	437
ブラジル	7,211	130
メキシコ	1,805	449
カナダ	16,259	818
オーストラリア	3,936	1,049

出所）鈴木譲二『日本人出稼ぎ移民』254頁の表を著者編集

注）* ハワイを除く

確保できないとの懸念も作用していた。政府が一八七三年より実施した徴兵制に対する国民の不満は強く、移民を装って徴兵逃れをする者が後を絶たなかった。陸軍省は、兵役逃れの移民や「退廃的」な西洋諸国に移住しようとする者を国賊視していた(3)。

政府内に南米移民反対の意見が強い一方で、南米移民を奨励する声も一部の政府要人や民間から上がっていた。その中心となったのは大隈重信を始めとする経済自由主義者たちだった。人々の動きが国境を越えて活発になるのは、もはや歴史の必然であり、世界の人々が幸福や富を求めて海外移住するのは天賦の自由・権利なのだと主張した。日本人は国の外交政策や戦略に制約されることなく、チャンスを求めて自由に海外に進出すべきであり、日本人の経済的繁栄がひいては世界の福利・発展にもつながるという大隈の視座は、小村の「満韓集中論」や「(人力)拡散防止論」という狭隘な国益至上的想念を超越していて、今日のグローバリゼーションにも匹敵するリベラルな発想だった。

さらに大隈は、将来の日本人移民は北米やアジアだけでなく、世界に広く移住地を模索すべきだと提唱した。二〇世紀に入ってアメリカ西海岸を中心に日本人排斥気運が高まり、移民の扉が狭められている情勢を察知していたからである。大隈が南米諸国でも広がっていた排日気運について知っていたか定かではないが、外国人(日本人移民)を受入れて余りある土地と資源をもった南米に無尽蔵の可能性に惹かれ、次のように述べている。

事実今日に於てはそれほど排斥する北米に、何も喧嘩腰になつて押寄せて行く必要もあるまい。

世界は広い、日本人を排斥せざるのみか、これを歓迎して呉れる所もある。好んで難に就くよりは、容易にして実効ある地方に行くが得策である。就中余は南米のごとき広闊豊穣なる地に行くの勝れる事を信ぜんとするのである。南米の天地や実に広く、優に人口四五億を容れて尚余裕あるのである。加ふるに天然の富源は至る所に埋没して居る。[4]

南米移民を奨励し、自らもそれを実践した明治の政治家に榎本武揚がいる。榎本は江戸幕府では海軍奉行をつとめ、函館戦争(一八六八—六九年)では「蝦夷共和国政府」の総裁として明治政府と戦い、降伏しながら、オランダ留学の経験や航海技術の知識を惜しまれて恩赦を受け、明治政府の要職を歴任するという数奇な人生を辿った人物である。海外経験があり、国際情勢にも詳しい榎本が、日本人の将来を海外への飛躍にあると見ていたのはごく自然なことだったのかもしれない。

榎本は政府が主体となって外国に土地を購入し、そこに日本人労働者を入植させて殖産興業するという「移殖民事業」構想を机上の空論に終わらせず、実行に移していく。外務大臣時代(一八九一—九二年)には、外務大臣官房内に「移民課」を設置、「海外出稼及移住民ニ関スル一切ノ事項」を担当することとなった。同課の使命は「当時ハワイ等への出稼移住は(中略)盛んであったが、それ以外の地、特に永住、植民地移住は振るわなかったので、この永住植民地適地から邦人発展の新天地を開拓すべく、政府が率先してこれに当る」ことにあった。[5] さらに移民課は、「海外未聞の地に就きて、廉価の土地を購求、若しくは借用し自費自力を以て之が開拓興業に従事する者なるが故に、多年の後は、其労費の結果、次第に蓄積して自ら他境に幾多の小日本を生出し、以て遠く本国の福利を増進するの企図がある」との論説を新聞に掲載している。移植民政策が国家にもたらす利益は外貨仕送りよりずっとスケールも大きく意義も深い「日本の勢力圏の拡大」なのだと国内世論に直に訴えたのだ。(6)

しかし、当時の松方正義内閣が緊縮財政をとったことで榎本の移植民計画は暗礁に乗り上げ、設立間もない移民課も通商局に吸収されてしまう。榎本も松方内閣総辞職に伴い、外務大臣を辞任。だが、下野しても海外移植民事業の夢は捨てなかった。一八九七年に「殖民協会」を設立、同年、メキシコのチアパス州にコーヒー農園を建てている。「榎本殖民地」と呼ばれた日系コーヒー農園には、契約移民二四名が日本から送り込まれ、コーヒー栽培に従事した。(7)

榎本植民地の挫折が日本政府を南米移民から遠ざけたとの見方もあるが、日本が榎本の実践から得た教訓は大きい。例えば、それまでの移民は外国人に安くこき使われる出稼ぎ移民が大半だったが、出稼ぎ以外の形態の移民があることを実例で示し、個々の移民に経済的自立の基盤を与え、日本には国際貿易や投資の機会を与えうる、という事業展望を示してみせた。事実、一九二〇年代から三〇年代に対南米国策移民が本格化し、日本が国を挙げて推進した移植民事業はまさにこの榎本ビジョンの再現なのである。

一方の日本政府は、南米移民の潜在的可能性については一貫して消極的で、榎本や大隈らの長期的視野に立った壮大な構想も現実のものとして理解できなかった。しかしやがて、日本が南米移民に頼らざるを得ない情勢がやって来る。

人口危機と南米移民政策

人口というものは近代国家にとっては諸刃の剣である。国の人口が多ければ、国内市場の拡大、(納税者の増加による)国庫の潤い、巨大な軍隊の形成という相乗効果が生まれる。アルゼンチン出身の外交官・政治哲学者ファン・バウティスタ・アルベルディはいみじくもこう言っている。「gobernar es poblar(統治とはすなわち人口を増加させることである)」、国力や国富は大人口によってもたらされるものである。一方で、「人口」は国家の悩みの種であり、それもかなり深刻なものにもなり得る。人口の急増は様々な面で国家の負担となり国の社会経済基盤を揺るがしかねない。特に、社会が構造的な大変化を遂げている時、そして、近代化や産業化の過程で、国民に食糧や職を十分与えられるだけの成長を遂げなければ、人口は時限爆弾となる。

明治維新より近代化の道を驀進していた日本も人口問題に悩まされていた。国内の人口は明治初期より二〇世紀初頭にかけて急激に膨張している。例えば、一八七九年で三二〇〇万人だった人口が一九一〇年には五一〇〇万人に、二〇年には五八〇〇万人に増加した。国を挙げての殖産興業で経済の近代化・拡大が進むも、職・食にありつけない人々が増え、失業や貧困が社会問題となっていた。

特に、地方農村部の人口過密、貧困は深刻だった。明治政府の土地売買規制緩和によって、大土地を所有する地主が増えた一方、零細農や土地を持たない小作農はその数や比率を増やしていた。小作農の全国比率は、一八七二年に二九%だったのが八七年には四〇%、一九三二年は四七%に増加している(8)。加えて、小作人が地主に支払う小作料も大きな負担で、収穫作物の六割、七割を地主に徴収されることも珍しくなかった。こうした近代版「農奴制」の下、小作人の家計は赤字続き、借金漬けだった。

家計が苦しい農家の長男以外の子供たちは幼少の頃より生家を離れ、町の商家に丁稚奉公に出たり、工場や鉱山で賃金労働したりするのが常だった。もしくは農村に残って小作人に転じるしか道はなかった。南米や満州に渡った農村出身者に一家の次男、三男が圧倒的に多いのも、生地には見出せない将来を異国に求める若者の切実な事情があったためである(一方、錦衣帰郷を目指した北米出稼ぎ移民には家長や長男が多い)。

二〇世紀に入っても、人口問題や都市と地方、階級間の格差は根本的に是正されることはなく、不況や飢饉などが起きるたびに、貧困や失業は深刻さを増した。工業化による経済成長だけでは人口や貧困の問題は解決しないと判断した政府は、内務省に社会局を設け、そこから社会問題を是正する公共政策を次々と実施していく。失業者対策としての公共事業、ホームレスを収容するための住宅計画、病院、貧民救済のための緊急援助、等々。そして貧者救済の諸政策の一環として、海外移民構想が政策議論として浮上してくる。

一九二一年に成立した高橋是清内閣は二二年四月二一日、関係閣僚を内務省に招集して、失業貧困対策として南米移民の可能性を探るよう指示を出した。自らペルーに銀山を購入するなど、南米にひとかたならぬ関心を寄せていた高橋が、今度は首相の立場から、それも社会対策として南米移民に取り組む意向を示したことで、政府内の関心は一挙に高まっていく。

一九二三年の関東大震災の一カ月後の一〇月、「日本移民協会」という団体が「災害後ノ振興策トシテ海外移住ヲ奨励スルノ意見」を時の山本権兵衛内閣に提出している。同協会は海軍大佐、通商局長、社会局部長、東洋拓殖株式会社（移植民会社）総裁などが幹事に名をつらねる政府寄りの海外移民啓蒙団体だった。提出された意見書では「帝都復興ノ為、地方ノ労力ハ多ク帝都ニ集中シ、〔中略〕物価ヲ上昇サセテイルタメ、過剰ノ人口ヲ国外ニ移シ、内外ヲ通シテ人口ノ平均ヲ図ルハ最大急務ナリ。スナハチ、都会ニオケル工場労働失業者ノ救済口ヲ国内ニ求メテ、農村ノ過剰者ヲ海外ニ移住セシムル」べきと、地方の貧農の海外移住の必要性を政府に訴えている(9)。震災以前より、地方の貧困層が職を求めて都市部に流入し問題化していたので、震災後の社会混乱の中、都市が無秩序状態に陥るのを懸念し、首都圏復興をきっかけとして、地方の余剰人口を海外に出すことで都市・地方間の人口均衡化を図り、長期的な社会安定を目指そうとしたのである。

人口過剰や貧困といった国内の構造的問題を抜本的に解決するためには、臨時の出稼ぎ移民ではなく定住を目的とした移植民が適宜と政府が考えるようになるのもこの頃である。そして日本の移植民事業にふさわしい地域として、ラテンアメリカ、特に、ブラジルが注目されるようになる。一九二四年、国策会社「海外興業株式会社」社長井上雅二は清浦奎吾内閣に対し、土地は少ないが労働力が豊富な日本と、土地は無尽蔵にあるが労働力不足のブラジルは絶妙の組み合わせなのだと訴えた(10)（海外興業については後に詳しく説明する）。また、東京帝国大学法学教授で後に満州開拓計画で政府の顧問役をつとめた松岡均平も、「吾国をして工業化するのは国民経済政策としての最大の理想ではあるが、その資源を海外に求めない訳にいかない。南米は資源供給地として最適当の地だ」とブラジル移民政策の開始を強く奨めている。(11)

ブラジルや他の南米諸国が持つ天然資源や土地の利点については、初期の南米移民推進論者たちが繰り返し主張してきたことなのだが、なぜ今になって政府が同地域への関心を高めたのか。そこには当時日本人移民問題をめぐってのアメリカ社会の事情と日米関係の動きが大きく影響していた。

二〇世紀初頭より、アメリカ合衆国では、西海岸を中心に日本人排斥運動が草の根から国政のレベルへと発展していた。中でも、アメリカ日本人移民のメッカともいえるカリフォルニア州が排日運動の旗手となっていた。サンフランシスコ市教育委員会が日系移民の子供を公立学校から締め出すことを法令化し（一九〇六年）、また、『サンフランシスコ・クロニクル』紙が論壇で日本人移民禁止を支持するなど、社会文化の分野から排日運動を盛り立てた。カリフォルニア州政府はさらに、日本人移民規制を立法化するよう連邦政府に熱心に働きかけた。西海岸から発信される「黄禍」廃絶要求は大統領府を動かし、一九〇七年三月一四日、セオドーア・ルーズベルト大統領は、（渡航者が所持する）旅券で規程される渡航最終目的地がアメリカ合衆国以外の国である場合、その渡航者のアメリカ入国を禁じる大統領令を発した。「アメリカ本土以外」の地域――ハワイ、プエルトリコ（共に一八九八年にアメリカ領土となる）、メキシコなど――を経由してアメリカに入国するというのは、より良い仕事を求めてアメリカ本土への移住を希望する日本人たちが使ったルートだったが、今回の大統領令でこのルートが遮断されたのである。(12)またその翌年、日本政府は、アメリカとの間に締結した「紳士協定」に従い、労働目的の渡米者に対してはアメリカ入国の旅券を発行しない方針をとった。アメリカはさらに、一九二四年の移民法改定で、アメリカ市民に帰化する資格のない外国人――白人及び元奴隷黒人を除くすべての人種――の移住を全面禁止した。同法は、増加の一途を辿る日系人人口を抑制するのを目的としていたので、「日本人排斥法」と俗称された。以後、日本人のアメリカへの移住は不可能となった。

このように、移民国家アメリカに湧きおこった排日運動という現実――これはカナダやオーストラリアなど他のアングロサクソン系国家でも顕在化していた――に直面した日本政府は、国民の海外移住先を欧米先進国以外に開拓することを余儀なくされた。ブラジル移民支持者の松岡均平もこうした国際情勢をふまえ、「オーストラリア、北米は移民地として経済上絶好たるに間違いないが、東洋移民に対し固く門戸を閉ざしているので、〔中略〕我が移民発展の地は南米大陸において他にない」と主張した(13)。松岡はさらに、南米移住がこれまで不振だったのは、営利目的の移民会社に放任してきた政府の方針に問題があるとして、今後は国策会社を設立した上で、官民一体となって移民思想を国民に啓蒙し、国策移民を奨励すべきであると、政府諮問機関「帝国経済会議」の分会で進言している(14)。

対外的にも南米移民を意識した動きが始まる。アメリカの排日移民法成立二年前の一九二二年、日本帝国海軍の戦艦三隻が南米に寄港している。ブラジル共和国誕生百年祭を祝賀することが目的だったが、途中ペルーにも寄り、日本移民のパトロンとして知られていたレギア大統領を表敬訪問している。邦人による南米移民を本格化するに先んじて、二国間関係を再確認する意図があったのだろう。また、三年後の一九二五年、幣原喜重郎外務大臣が議長をつとめる移民評議会は、ブラジルのサンパウロ、ミナス・ジェライス両州に現地視察ミッションを送り、ブラジル側が提示する移住候補地を視察し、日本人移民の今後の可能性について調査を行った[15]。国策としての南米移民にとっての追い風が吹き出した。

国策としての南米移民

一九二四年四月、清浦奎吾内閣の諮問機関「帝国経済会議」が開かれ、「移植民ノ保護奨励ノ方策如何」が審議された。この会議は、政府が南米移民に直接関与する意志を明示した点で重要である。ブラジルを主要な移住先と定めること、国策会社「海外興業株式会社」(以下「海興」)を通じて移植民奨励諸制度を実施すること、そして、移住希望者の渡航費用を今後政府が一部補助することが取り決められた[16]。同年度の移住希望者数を五〇〇〇人と見積もり、一人あたり二〇〇円の渡航費を支給する等、移民関連予算も大幅増額されることとなり、前年の四〇万円から一挙に三倍の一二一万円が計上された[17]。

以後、南米移民は国策として奨励され、移住希望者のほとんどに海興や他の移民会社を通じて渡航補助金が支給された。移住希望者の大半は貧困層で、海外に渡航・定住するための自己資金は持ちあわせず、政府の援助なしには南米移住は不可能だった。以後、政府の支援を得た南米移民はその数をうなぎのぼりに増加させていった。

ここで、国策南米移民で重要な役割を果たした国策会社「海興」について触れておこう。

海興は、一九一七年、寺内正毅内閣の時、南米を中心とした移植民事業を行う目的で設立された。会社の前身は民間会社「東洋拓殖株式会社」のブラジル子会社である。この子会社は、東洋拓殖が経営困難に陥った際、公的資金を注入されたのに伴い政府の管轄下に入った。寺内内閣は複数の移民会社が乱立競合していた国内の移民事業を一括統合すべく、東洋殖民、南米殖民といった大手移民会社、及び、在サンパウロの伯剌西爾拓殖を統合して国策会社「海興」を作ったのである。海興（資本金一〇〇〇万円）は南米移民の宣伝、募集及び移住者の選考、渡航の手続きまで包括的な移住業務を担うこととなった。

南米移住の利点や可能性を広く国民に知らしめ、移民熱を煽るための啓蒙宣伝活動も海興の重要な業務であった。募集は新聞広告、映画上映、ラジオ宣伝、講演会、ポスターなど様々な手段を使い、街頭から病院、床屋、銭湯まで町の至るところで啓蒙活動を行った(18)。インターネットが普及している今とは違い、戦前の農村は外部からの情報を入手する手段が限られていたのだから、海興による宣伝効果は大きかった。しかし、国内の移民熱を高めようとするあまり、海興の宣伝は誇大広告になりがちだった。「ブラジルでは木に金塊が成る」だとか「中南米は国が豊かなので国民は働く必要がない」とか「現地の人々は非常に親日的で日本移民を歓

図 3-1　海外興業株式会社ブラジル支社（『在伯同胞活動実況大写真帖』1938 年．国立国会図書館蔵）

表 3-2　日本政府移民関連予算の推移(戦前)

年	移民事業関連年間予算（千円）	予算全体に占める比率（%）	移住者1人あたりの政府助成金金額（円）
1914	20	0.003	1
1915–1922	—*		
1923	400.00	0.003	25
1924	1,208.80	0.07	200
1925	1,250.60	0.08	100
1926	1,844.50	0.1	130
1927	2,322.30	0.1	150
1928	1,168.50	0.07	65
1929	8,516.70	0.5	350
1930	8,131.00	0.5	350
1931	10,651.00	0.7	520
1932	9,811.90	0.5	315
1933	6,666.90	0.3	145
1934	7,027.40	0.3	179
1935	5,930.50	0.3	230
1936	9,856.90	0.4	910

出所）日本海外協会連合会『海外移住の効果』より著者作成
注）*この期間の移民関連予算は凍結されたためデータなし

迎している」とか、誇張されたイメージや歪曲された事実が宣伝文句にちりばめられた。歴史家J・F・ノルマーノは、日本政府は移民に関する国民の不安を払拭するため、意図的に日本の農村と南米の移住地の風土や社会環境がよく似ていると強調していると推察した(19)。

政府による多角的支援

政府は、南米国策移民を盛り上げる上で多面的支援体制が不可欠と考えた。政府の援助は、渡航補助金のみならず、「〔乗船前の〕移民収容所ノ設置、海外移住組合〔政府系移民促進団体〕ノ奨励、ソノ他移住地ニオケル教育衛生並経済上ノ保護等、諸般ノ施設」にまで及ばねばならないと帝国議会は決議している(「移民政策ノ徹底ニ関スル建議」衆議院決議、昭和三年二月二八日)(20)。こうした大掛かりな移民支援体制を作り上げるため、移民関連予算の方も大幅に増額されていった。日本の移植民事業を一手に引き受ける「拓務省」が新設された一九二九年、「移植民保護奨励費」として八五〇万円が計上された。その年の国家予算全体の〇・五％に相当するこの予算枠から、拓務省は移民の募集と選考、現地での土地の購入、「海外移住組合」の支援、移民の渡航手続き、移送などの諸経費を拠出した。この頃移民に支払われた補助金も一人あたり五二〇円と、以前よりかなり増額されている。

国の全面的支援と移住補助金が奏功し、南米移民の数は国策化以前の一九二二年の年間一三四九人から二九年には一万八〇一六人に、そしてピーク年の三四年には二万四〇三二人へと急増していった。

南米移民事業の内容や実施方法は、一九二七年制定の「海外移住組合法」が規定している。同法によれば、政府が推進する南米移民は構成員三名以上の「家族」を単位とし、指定の入植地に定住を目的として入植することが定められた。移住者家族は政府もしくは関連機関が用意した農地に入植する点で従来のコロノ（現地の農園で雇われる雇用農）とは違っていた。自分で農地を購入・所有する入植者は「自営農」と呼ばれ（これができるのは少数の資産家だった）、日系農園で働く移民は「企業移民」と呼ばれた。そして入植地の取得を組織的に行ったのが「海外移住組合」（前出）である。同組合は一九二七年「海外移住組合法」に基づき設立された移民推進団体で、政府からの低金利融資を受けて、主にブラジルの内陸地で土地を購入し、それを組合員の移民家族に分配する仕組みになっていた。加えて、移植民事業の日常的管理も同組合の所管であった。

海外移住組合は日本人入植地を確保するため、ブラジルのサンパウロ州やパラー州、ペルーのフニン県、パラグアイのラ・コルメナなどに数十万ヘクタールの規模の土地を購入しているが、ここで興味深いのは、日本政府が直接土地購入には関与していない点である。ペルーへの集団入植予定地を視察した外務省通商局長は、拓務省拓務局長宛ての報告書で「土地購入には在外公館を表に出すのは対外的に好ましくなく、民間の適当な機関を担当させるのがよし」と説明している。[21]同様に、海興でも移植民事業は「国際的関係を考慮し、民営とすること」を方針にしていた。[22]「国際情勢」とは、南米諸国を席巻していた反日感情の高まりであり、また、排日でアメリカと外交歩調を合わせようとする南米諸政府の動きを示していた。移植民事業をこれから本格化しようとする上で、いたずらに南米諸国の主権侵害と疑われるような行為（土地所有）は回避したい。日本政府は海外移住組合や海興、または個人の名義で土地を購入することで移植民事業を平和裡に行おうとしたのである。

こうした日本政府の対外配慮を尻目に、広島、福岡、熊本、沖縄などの一部の県は地元総出で現地に県人を集団で入植させ、そこを「広島村」、「福岡植民地」などと名付け、競ってお国自慢するなどし、その偏狭な郷土愛主義に中央政府が困惑する場面もあった。[23]

移民事業を進めるにあたり、移住者数は計画の成功度を測る重要な指標だった。そのためか、拓務省は年間目標数値を設定している。例えば、主要国ブラジルへの移民の場合、一九三一年で一万人を見込み、三二年では一万四〇〇〇人、そして日伯移民協定二五周年にあたる三三年には二万一〇〇〇人の移民を計画した。世界恐慌直後としてはかなり強気の目標であったが、実際の移住者数はこれを優に上回るもので、一九三二年で一万五八〇〇人、三三年で二万四〇〇〇人を記録した。

民間資本、国策移民に参加

一九二八年の春、田中義一首相は都内のホテルに財界、実業界の大物を一堂に集め、日本のブラジル移植民事業について熱弁をふるった。参加者は渋沢栄一、三井鉱山社長団琢磨、野村商店の野村徳七、鐘淵紡績の福原八郎など錚々《そうそう》たるメンバーで、彼ら日本経済のトップを前に、田中はブラジル移植民政策の重要性をアピールして民間の協力を求めた(24)。政策の重要性といっても本来の政策目的であったはずの「人口対策、農村救済」ではなく、もっぱらビジネス及び国益の観点からみた意義が強調された。ブラジルでの移植民事業に民間企業が大型投資をすればその裨益も大きく、国家の海外発展にも貢献するというのである。

国策としての南米移民を民間がもっと支援すべきとの意見は経済界からも出された。かねてより邦人の海外移住を奨励してきた渋沢や南満州鉄道の初代社長で後に満州での植民地経営で中心的役割を果たした後藤新平などは、他の企業トップを啓蒙すべく、各地で講演会を開催した。渋沢が横浜正金銀行で催した説明会には、商社、銀行、船舶など様々な事業部門の人間が集まり、現地の事情や事業機会についてブラジル領事館館員の話に耳を傾けた。ブラジルの移植民事業がもたらす外延的効果は計り知れず、船舶による移民輸送から外貨送金業務、農業経営、輸出入業まで多岐にわたる事業機会が見出せるというのである。ブラジル移民は国家の一大事業となる可能性を秘めた総合事業として宣伝された。

今風に言えば事業機会の「グローバル化」を目指す財閥のいくつかは、実は一九二〇年代中頃には南米への進出をすでに開始していた。野村財閥はパラナ州北部に、三菱財閥はサンパウロ郊外にそれぞれ大土地を購入し、日本人労働者を導入してコーヒー農園を経営した。余談になるが、三菱系の「東山農場」――「東山」は三菱財閥創設者岩崎弥太郎の雅名だった――は今でも年間数百トン規模でコーヒーを生産し続けている。

旧三菱系で、「カネボウ」の前身でもある「鐘淵紡績」も南米進出組だった。福原社長はアマゾン熱帯雨林地帯を日本人の手で開拓しようという壮大なビジョンを描き、一九二八年パラー州より無償譲渡された一三〇万ヘクタールの土地に「南米拓殖会社」を設立した。(25) アカラ川流域に開いた「トメアスー植民地」を本拠地として、天然資源が豊富なアマゾン地域に適したアグリビジネスを興そうと研究開発活動に勤しんだ。開拓初期、経営が難航していたが、職員がシンガポールから持ち込んだ胡椒の苗を起死回生の思いで現地に植え付け、品種改良を重ねた。その努力の賜物が現地で「ピメンタ」と呼ばれる黒胡椒で、現在でも市場に出回っている。

国策移民でブラジルと共に重視されていたペルーでは、海興の井上が綿花事業を試みた。(26) 日本人投資家からの出資で、一九二五年に「ペルー棉花株式会社」を設立し、日本人労働者を使った綿花の生産と輸出を行った。また「星製薬会社」はペルー人からワヌコ地域に三〇万ヘクタールの広地を購入した。拓務省の資料によれば、このコロニアのほとんどは未開墾のままだったが、一部開墾された土地では、コカ(コカインの原料)の栽培が行われた。

日本の経済不況と南米移民黄金時代

昭和に入ったばかりの日本を金融危機（一九二七年）や世界恐慌（一九二九年）などの未曽有の危機が襲い、国内経済全般が大幅に減退した（いわゆる「昭和恐慌」一九二九―三二年）。農林水産業部門の不況は特に深刻で、一九三一年の生産率は不況前の二九年に比べて五七％落ち込んだ(27)。米や絹といった農家の主要生産品の市場価格が停滞し、さらに「豊作不況」や東北地方での冷害などが農村経済を圧迫した。

都市部の工場に出稼ぎに出ていた労働者や女工が不況により失職し、相次いで農村へ帰郷するようになった。一家の稼ぎ頭である労働者の帰郷は農家の収入の減少を意味し、また、扶養家族が増えることでさらに家計は逼迫した。

地方の役所は地域の失業対策として、これら「出戻り」者に海外移住を奨め、失業者もこれに応じた。この時期、移住希望者の中には東南アジアや太平洋諸島方面に渡った者もいたが、圧倒的多数が南米を選んでいる。一九二〇年代及び三〇年代の二〇年間で南米に渡った日本人の数は一八万三三〇四人と、その前の二〇年間（六万七三二人）の三倍に増加した。一九二〇年代の国策化以来、急整備されてきた南米移民奨励制度が時宜を得て効力を発揮し、農村の貧民をタイミングよく掬いあげたことになる。こうして、日本にとって最大の経済危機期に、南米移民は黄金期を迎えた。

複合化する移民政策の本義

政府の南米移民関係者たちは、「人口問題」や「貧困」、「国内資源の安定化」が政策目的だと繰り返し説明してきたが、彼らは人口の増加に付随するどんな問題を危惧していたのか。土地不足の問題か、それとも飢餓か、個人の負債か、失業か。また、問題はどの地域においてどのくらい深刻で、どの程度が海外移民で解決もしくは緩和できると見込んだのか。具体的なデータに基づいて移民政策の効果を説いた公の文書は見当たらない。「人口問題」にしても定義が曖昧なまま、移民を奨励する上で枕詞的に使われる傾向が強かった。

その一方で、人口問題が「社会不安」や「(思想の)赤化」という政治問題を引き起こすというのも当時の常套句であった(28)。具体的にはどのような政治問題・危機が起きていたのか、人口状況や地方の貧困とどのような因果関係にあったのか。人口という構造的要因と社会の赤化という政治問題との直接的関係について、そして、その解決策としての南米移民の効果について、移民政策関係者の言説は曖昧なままである。この点を明らかにし、謎や矛盾に満ちた南米移民政策の政治的側面を理解するには、移民が国策として奨励された当時の社会・政治の様子や為政者の認識や思考を検証することが必要である。戦前の移民政策をめぐる政治問題については第七章で述べる。

一方で、一九三〇年代初頭から「人口緩和のための移民」に代わって頻繁に語られるようになったのが「邦人の海外発展」という政策概念である。これは、榎本武揚や大隈重信ら初期の南米移民支持者たちも用いた表現だが、帝国主義と権威主義の傾向が濃厚になっていく三〇年代の日本においては、以前とはまったく異なる意味合いで用いられるようになっていた。大隈らが主張した「人間が自由に海外に出て自己の幸福を追求し、その結果として現地にも発展をもたらすような自由な国際経済活動としての移民」像は影をひそめ、重商主義の手段としての移民が強調されている。移民を最大限に利用して国力と国富を拡大することが国の責務であり、移植民を通じて南米の地に数々の「小日本」が建設され繁栄することは「（臣民としての）邦人の海外発展」となるという規範的言説である。「人口緩和」から出発した移民政策論に、いつのまにか国家主義的な「邦人の海外発展」思想が加わり、その後「邦人の海外発展」が「人口緩和」と並列して語られるようになり、「人口緩和」に取って代わる大義として語られるようになって行く。

先にも触れたが、古くは一七世紀初頭にフランシス・ベーコンがイギリス国王に提案し、二〇世紀前半にはジョゼフ・シュンペーターが「社会的帝国主義」と呼んだ人口対策と移民と植民地建設という複合的《ハイブリッド》な移民政策は、日本でも南米移民以前に北海道、台湾、朝鮮などの「植民地化」された国・地域で試されていた。例えば、東洋拓殖株式会社（日本の朝鮮植民地支配の機関として一九〇八年に設立された特殊会社）などは、役人・商人などのエリート移民に加え、庶民――多くは農村出身の貧者――の朝鮮・台湾移住を斡旋し、アジア植民地経営で中心的役割を果たした(29)。このように、移民政策を多目的に実践した過去の経験は、移民事業関係者たちに「移民政策は多角的事業となりうる（あるいは「すべきである」）」という期待感を抱かせるようになった。そして、対南米移民を推進する過程でも、政策目的にズレが生じてきた後も、問題とされることなく、「日本の海外発展」という大義をまっとうするものとして継続されたのではないか(30)。

第四章　移民推進政策の復活

終戦と人口問題

第二次世界大戦の終焉は世界各地に人口の大移動を引き起こした。帝国主義の「先兵」――戦場に送られた兵士や植民地に居住していた市民――も、「被害者」――例えば、大戦前に台湾、朝鮮や中国から日本やその植民地に強制的・半強制的に移住させられていた人々――も、帝国の崩壊と共に一路母国を目指したのである。敗戦後の日本には六〇〇万人とも八〇〇万人ともいわれる復員兵や一般人が旧植民地から一斉に母国へ帰還してきた。

当時の日本は敗戦で海外の領土を失い、国土面積は半減していた。日中戦争から数えて八年間にも及んだ戦争で国が消耗し尽くしていた。そこに、海外からの帰還者が数百万人単位で戻ってきたのである。その数が六〇〇万人としても、国の総人口が一挙に八%も増加したことになる(台湾・朝鮮など植民地からの人口は除いた、日本人人口を約七六〇〇万人として計算)。戦争で疲弊し切った日本が帰還者たちを降って湧いた「禍事」と感じたのも無理からぬことだった。

さらに、「平和の配当」――戦後の結婚・出産ブームや死亡率の減少――も人口増加を助長した。引揚者を含め、敗戦から四年間で国の総人口は一〇〇〇万人もの増加を記録したのである。

急な人口膨張は物資不足をさらに深刻化させ、都市の治安の悪化を招いていた。経済を安定化・平常化し、国の再建を一刻も早く実現させたい占領軍と日本政府は、まず、引揚者や疎開者の都市部への流入を規制した。(1) 路上生活者のためには、毛布、鍋釜、プレハブ家屋などが特別配給され、引揚者には特別貸付が行われた。しかし、こうした緊急対応はしょせんは焼け石に水で、人口の長期的安定はとても果たせそうになかった。

限られた資源と逼迫する経済状況の中、どうやったら人口問題を恒久的に解決できるのか。戦前の日本であれば特効薬すなわち海外移民を真っ先に選択しただろう。しかし、これは敗戦国には許されない選択肢だった。国家主権を失って米軍の占領下に置かれ、国民の「国際移動の自由」権も喪失していたのだから。また、海外移民についての公の議論は連合国軍最高司令官総司令部（General Headquarters GHQ）により禁止されていた。例えば、日本外務省が日本人海外移住の将来的可能性を独自調査した際、これを知ったGHQは訓告を下している。また、貧困にあえぐ日本人を海外に移住させようとしていたキリスト教系団体も処罰された。(2) 戦後まもないこの時期、日本人海外移民といえば拡張的帝国主義のイメージが依然つきまとっており、日本人の海外移住の再開は帝国植民地主義の復活に他ならなかったのだ。日本の戦前体制を根絶させ、民主化を目指すアメリカの占領政策において、海外移民はありえない選択だった。

とは言っても、GHQは日本の人口問題を決して看過していたわけではない。戦略事務局（Office of Strategic Services CIAの前身）も、大量の引揚者の処遇問題を放置しておけば「経済的、政治的問題を引き起こす」ことを杞憂していた。(3) そして、人口の安定化のため北海道や東北などへの移住が好ましいと考えた。

仮にGHQの規制がなかったとしても、当時の国際情勢を考えれば、日本人の海外移住は不可能なことだった。アメリカは戦前からの日本人移民締め出し政策を継続していたし、朝鮮、中国、フィリピンなど、日本の植民地支配や侵略の記憶が生々しいアジア諸国やオーストラリアも日本人には門戸を固く閉ざしていた。戦後の国際社会のどこへ行っても、日本人は招かれざる客だった。こうした閉塞状況の中で、日本はいかにして南米移民を再開したのだろうか。

水面下の動き

日本の政府機関、軍部、官僚、旧体制派の政党や政治団体、財閥など、戦前の帝国主義を支えた基幹組織や仕組みはアメリカによる民主化政策でことごとく廃止・解体された。拓務省など南米移植民事業を支えた諸機関もこの時消滅している。では、政府内に組織基盤を失った「海外移民」がGHQの「封印」にもかかわらず、いかにして蘇生できたのか。

戦後の海外移民構想を復活させ、政策として具体化していったのは、政府に近い民間団体や政界の有力者たちだった。

戦後最初の移民支援団体のひとつに「海外移住協会」がある。一九四七年に結成されたこの組織は、超党派の政治家や政策立案者で構成され、衆議院議長の松岡駒吉(社会党)が初代会長に就いた。メンバーはいずれも移民政策支持者か戦前の移民事業経験者で、どうやって移住構想を政策化していくかについて意見を交換した。また、機関誌『海外へのとびら』を発行して、移民思想を社会に広く普及させることに努めた(4)。

「日伯経済文化協会」も移民再開に貢献した団体である。一九四九年、外務省所轄財団として発足した同協会だが、母体は「日本戦災同胞救援会」という慈善団体で、終戦直後、祖国同胞の惨状に同情した在ブラジル日本人が送った義援金を管理する目的で設立された(5)。その後、日伯親善及び日本人のブラジル移住の実現を使命とする団体に発展。初代会長に就任した幣原喜重郎元首相が海外移住の重要性をマッカーサー元帥に直訴するなど、移民再開に積極的に取り組んだ。

日本人の移民再開に向けてブラジルとの橋渡しをした人物として、上塚司(前出)も忘れてはならない。熊本県選出の代議士で、日伯経済文化協会の相談役を務めた上塚だが、戦前は南満州鉄道の調査員として中国東北部への移植民計画に参加した経験を持ち、ブラジル・アマゾン地帯で農業開発研究所を建設した、自他共に認める移民推進派である。移植民事業に関する豊富な知識や経験とブラジル政界とのネットワークをフル活用して、日本人移民の再開をブラジル政府に働きかけた。既述のように、終戦直後のブラジルでは「勝ち組・負け組事件」の影響で反日世論が強く、正面から移民交渉をしても承認されるような状況ではなかった。そのような状況下、上塚がヴァルガス大統領や州政府と個人的に交渉し、日本人移民の有用性をアピールするなど根回しをしたことで、ブラジルも日本の要請を前向きに検討するようになったと思われる。

日本政府内でも外務省を中心に、移民政策実現の努力が密かに続けられていた。戦前の移植民事業を共に支えた拓務省が廃省された今、南米移民政策の経験を持つ唯一の省が外務省だった。省内の移民推進派たちは、遠くない将来、国家主権が回復し、「ふつうの国家」として国際移民レジームに復帰できることを見込んで、一九四七年に「海外人口対策研究会」を発足させた。この研究会は、人口問題や失業の対策としての海外移民の効果を評価し、移民の再開を進言する報告書を政府に提出した。また、欧米局第二課も閣僚や代議士たちを個別訪問して、移民政策への理解を求めた。

「即効薬」としての海外移民

新憲法のもとで初の国会が開催されてから二年目の一九四九年五月二一日、「人口問題に関する決議案」(提案者、床次徳二ほか二三名)が衆議院本会議にかけられ、満場一致で可決された。人口問題の具体的解決策として、産業振興、産児制限、海外移住の三項目が打ち出された。海外移住に関しては以下のように述べられている。(6)

将来の海外移民に関してその研究調査の準備を行なうとともに、関係方面にその援助をあらかじめ懇請すること。

移民により過剰人口を解決することは困難であるが、将来移民が認められることは単に国民生活の向上に役立つのみならず、わが国民の世界に対する感謝と国民感情に対する満足とを招来するのであって、わが国の再建に寄与することが多大である。従ってこのためには過去におけるわが国の移民には相当欠点があったことに対し深く反省を加え、日本国民が今後は真に世界に歓迎せられ、且つ世界の福祉増進に寄与することの出来るような移民たり得るよう、国民みずから準備をし努力することが必要である。このことは取りも直さず日本国民が文化の高い平和的な民主国民となることに精進することと一致するものと確信する。

「移民により過剰人口を解決することは困難であるが」と決議文にあるように、「移民、即、人口問題解決」とはならないことを政府は熟知していた。しかし、人口増加逼迫の折、移民、産児制限、雇用創出など、できる限りの対策をとる必要があった。とりわけ、移民は産児制限などに比べて、短期間で「結果」が出るという利点があった。移民の募集・選考から訓練、渡航までの送出期間は延べ半年、移住希望者が出国すれば、即、国内人口の減少につながる。海外移住は人口問題や貧困の特効薬ではないかもしれないが、当座の即効薬として大いに期待されたのである。

しかし、「薬」の即効性に対する期待は、「短期間になるべく多くの移民を送出する」という方針を生み出し、政策は強行されるようになった。国内人口の急増の逼迫性に加え、日本人移民の受入れを許可したブラジルやドミニカなどの受入国がいつ心変わりして移民締め出しに転じるかわからないという懸念から、短期間に大量の移民を移送することに政策担当者は腐心した。「鉄は熱いうちに打て」の想いだった。一九五五年四月、外務省に移住局を設置した際の閣議決定でも「最近の日本移民に対する国際情勢の有利なる進展に即応するため、この際速かに移民の大量送出を可能ならしめる諸施策を実施するものとする」と決められている。(7) こうした政府の焦燥感・性急感を反映して、輸送手段などのインフラの完成を待たずして移民計画は開始されている。一九五三年、ブラジル及びパラグアイに向けて六九〇人が渡航した際、旅客船がなかったため、急遽貨物船二隻を旅客用に改装して、移住者の送出に使ったという逸話さえ残っている。(8)

この「短期間に数多くを」の方針は戦後移民政策の特徴でもあり、第二章で見たような惨状を引き起こす要因ともなった。

「鉄は熱いうちに打て」

政策の効果を最大化する、つまり、短期間に可能なかぎり多数くの移民を送出するためには、合理的で効率的なシステム作りが不可欠だった。移民政策の主管である外務省は一九五一年、欧米局第二課（中南米担当）内にあった「移民係」を拡充して「移民課」とし、移民大量送出計画の立案、移住地の選定、移民事業関連機関の監督など移民政策の根幹業務に専従させることとした。

実際の移民事業は、外務省の出先機関ともいえる二団体に委託された。そのひとつが、これまでにも何度か言及した「財団法人・日本海外協力連合会（通称「海協連」）」である。海協連は移民及び関連事業を運営する目的で一九五四年に設立された外郭団体で、移民の募集・選考、訓練、移送、入植、現地での監督などの実務を担当していた。法律上は民間団体であったが、実際には移民事業に直接の責任と権限を持っていた。また、創設にあたっては前述の上塚司が協力しており、理事長や常任理事には外務省、農林省、元拓務省官吏が就くのが慣習であるなど、政界、省庁と密接していた。(9)

海協連は東京に本部を、そして、地方支部は各県の県庁や市役所の社会部などに置いた。本部で作成された「移民募集要綱」（希望者を募るパンフレット）が支部から市・区役所へ、そして、地域の人々に配布された。「移民思想」を草の根レベルまで広め、国民皆に移民のチャンスを平等に与えるようにし、移民事業を戦前レベルにまで拡大することを目標に掲げていた。移民政策を全国的に草の根で盛り上げるための中央と地方の垂直連携プレーである。

戦後の移民政策を支えたもうひとつの主要団体は「日本海外移住振興株式会社(以下「移住振興」)」という融資機関である。移住振興は国内で高まる移民熱と移住資金のニーズに応えるべく、一九五五年に民間企業として設立された。米系銀行からの貸出を含め一五〇〇万ドルの融資を受けて、資本金は三〇億円と当時としてはかなり潤沢だった。移住振興の貸出先は個人の移住希望者及び移民計画関連団体だった。元来、南米移住を希望した人々の多くは所得レベルが低く、自前で海外移住できるだけの資金力は持ち合わせていなかったため、政府からの移住奨励費は渡航や初期の生活立ち上げには不可欠だった。まず、一九五三年度には、一億七〇〇〇万円が移住奨励費として拠出されている。移民一人に対し一一万四〇〇〇円が支払われた計算だ。以後、移民予算は拡大され、五六年には七億二六〇〇万円にのぼった(**表4－1**参照)。

表4-1　日本政府移民関連予算の推移(戦後)

年	移民事業関連年間予算（千円）	予算全体に占める比率（%）	移住者１人あたりの政府助成金金額（円）
1953	170,825	0.02	114,000
1954	385,832	0.04	104,000
1955	623,449	0.06	178,000
1956	726,216	0.07	117,900

出所）日本海外協会連合会『海外移住の効果』より著者作成

移住希望者への貸付には、「決められた移住地に定住を目的として入植する者」という付帯条件があった。これは戦後の移民が「出稼ぎ的」なものでなく、中南米地域の開発という長期的視野に立ったものであるという日本政府の方針を反映していたが、この借入条件が足枷となり、最初の入植地で定住ができない場合でも、「借入者」は別の地域に転住できないという不都合を引き起こすことになる。

戦後の移民事業が軌道に乗ると、外務省に加えて、農林省や建設省といった「新興勢力」が参入してくる。農林省の場合、「全国拓殖組合連合会」という移民奨励組織を作り、独自に移植民計画を立て、農業移民を入植させた。ブラジルでは、日系農協団体「ブラ拓」[10]や「コチア産業組合」と共同で、戦前よりサンパウロ郊外で農業を営む日本人や日系ブラジル人の農家に日本からの移民を斡旋した。

　アメリカ大陸への移民事業では未経験の農林省が、小規模とはいえ独自に移民事業を展開しようとしたのはなぜか。同省は、日本人の南米移民は、本質的に地方の農民の海外移住であるのだから、すぐれた農業移民をリクルートし訓練できるのは自分たちだと自負していた。また、日本国内の農地不足に起因する農村の人余り現象を解消するのも農林省の目標だった。一九五五年一〇月一九日の衆議院農林水産委員協議会の場で、谷垣専一官房長は「〔農村部において〕根本的な問題は、潜在失業的な労力過剰をどういうふうに解決すべきか。これは単に農業内部では解決しない。〔中略〕相当数の農業人口の余剰という形、雇用労力が十分こなせない状況〔中略〕例えば、農村工業の施設を導いていくとか、海外移民の道を開くとか」すべきであると開陳している[11]。農家の次男・三男や中国からの引揚者に雇用機会を与えるためにも、彼らを南米に移住させ、広大な土地で近代的な農業経営に従事させるねらいだった。

　海外移民とはあまり縁のなさそうな建設省も、入植地で移民たちに「技術援助」を行うという名目で移民政策に参画した。同省は「産業開発青年隊」なる移民訓練制度を設け、サンパウロ州奥地に訓練センターを設立、近隣の日本人入植者たちに農耕機械の使い方や土木技術を指導した。また、移民予算に移民輸送船補助金枠を得て、移民送出作業を省の「専門事業」として管轄した。

このように、戦後の移民が国の施策として推進され、組織も予算も拡充していくに従い、省庁の利権も多様化してくる。そして、移民予算から自省の分け前をなるべく多く確保しようとすれば、各省間に予算獲得競争が起きる。[12] 南米移民は表向きには人口緩和を目標とし、国を挙げて奨励されながら、その水面下では複数の官庁権益が拮抗・衝突する事態が生じていた。自由市場のように複数のプレーヤーが競合することでより良い製品やサービスが提供されるならば消費者の利益にもなるが、移民政策の場合、計画担当官庁の数は増えてもそれが「サービス」の改良や人々の利益、つまり、移住者にとって最良の移住計画の作成や移住者とその家族への適切な指導やケアの供給にはつながらなかった。現地で移住者たちが苦戦し、国の助けを必要としていた時でさえ、関係省庁は適切な対応がとれなかった。こうした実情から、戦後移住行政に対し「予算目当ての行政」との批判があがるのもやむを得なかった。

ずさんな政策の顚末

「短期間にできるだけ多くの移民を送出する」という基本方針に対し、具体的にはどれだけの数の移民を計画していたのか。

外務省は一九五三年、五四年、五八年と移民受入国別に「予定移住者数」を設定していた。初年度の一九五三年には南米諸国に二五〇〇人の移住者を見込んだが、翌年からは予定者数を一気に引き上げ、五年間で四万九〇〇〇人つまり年間約一万人とした。これは戦前ピーク時の移住者数に近い数字だ。さらに、五四年の計画では一〇年間で四二万六〇〇〇人つまり年間四万人と一〇倍近い数に増加されている。主要受入国ブラジルだけでなくボリビアやドミニカなどが新たに日本移民を受入れる可能性が出てきたことを受けて、予定移住者数も増加させたのだろう。また、国の移住関連予算の方も比例的に大幅に増額されていった(13)。これらの数字からも、政府が南米移住計画において「即効性」と「量」をいかに重視していたかがわかる。

毎年一万人単位の移住を見込み、それに見合った予算を確保したとなれば、当該年度に予算を消化するためには、相当数の移民を出さねばならなくなってくる。さもないと翌年度は予算の確保が難しくなり、計画自体も縮小されかねない──このような焦燥感がなるべく多くの移住希望者を募ろうと行政を駆り立て、誇大広告や虚偽の募集広告も辞さない強気の移民募集活動を行わせたと、推察される。移民募集を担当した海協連が一九五七年に出版した『移住執務提要』では、移民の啓蒙宣伝について「この場合の宣伝方法としては若干の正確さを犠牲にしても、より刺戟的であることが必要となってこよう。〔中略〕商業宣伝をも充分手本とし、下品にならない限りあらゆる方法をくりかえしくりかえし動員することを常に心がけることが肝要である」との方針が示されている(14)。

その一方で、海協連や関連団体は、日本人が移住先で幸福を追求できるような移住計画を綿密に立て、正しく実行していく心がけや行政能力、非常時の危機管理能力を持っていたのだろうか。誇張された移住計画と現地でのずさんな管理が移住者たちにどのような危難を与えたかは第二章に見たとおりである。

「即効性」は移民の送出事業においても求められた。移住希望者たちはほとんどの場合、県が募集要綱を受理してから募集締め切りまでの一〇日から三〇日、つまり一カ月未満の短期間で移住の決断をせねばならなかった。また、移住者は合格通知をもらってから一カ月以内に渡航しており、この期間にすべての財産処理を行う必要があった。移住希望者に渡航準備を急がせようとする移住行政は国会でも批判の対象となり、一九六一年参議院予算委員会で質問に立った辻政信(無所属)は、「家をたたんで外国に行こうとする者が十日で決心できますか?」と追及した(15)。

外務省側も、移住候補地や相手国の社会状況などについての詳しい予備調査や移住者への支援体制の必要性は十分認識していた。にもかかわらず、日本は逼迫した財務状況下にあり、石橋を叩いて渡るように周到な準備をする余裕はないのだという諦観にも近い構えだったことが、欧米局第二課がまとめた報告書からも読みとれる。

調査の結果に基づいて計画移民

表 4-2a　政府移民事業計画の予定移住者(国策移民)数　計画Ⅰ(1953年作成)

年	ブラジル	アルゼンチン	パラグアイ	ボリビア	メキシコ	その他	合計(人)
1953	1,460	—	—	—	—	—	2,500 (1,040)
1954	5,600	1,000	400	500	—	—	9,000 (1,500)
1955	6,900	1,000	600	500	500	—	11,500 (2,000)
1956	7,700	1,000	800	500	500	500	13,000 (2,000)
1957	7,700	1,000	800	500	500	500	13,000 (2,000)
合計							49,000

注)合計は「国策移民」とカッコ内の「自由移民」を合わせた数

表 4-2b　政府移民事業計画の予定移住者数　計画Ⅱ・Ⅲ

	対象期間	予定移住者人数
計画Ⅱ(1954年作成)	1955–1964年	426,000
計画Ⅲ(1958年作成)	1959–1963年	101,000

出所)若槻泰雄・鈴木譲二『海外移住政策史論』105–106頁より

を送出するにしても、移民の安全を十分に保障するためには莫大な資金を要するものと予想され、到底わが政府の耐え得るところとは思われない。従って、計画移民送出に当たっては、結局政府としてはある程度リスクを覚悟し、最後には自力だけでもやるという決意をもったパイオニアのみを送り出すべきである。徹底的に調査をし、且つ万全の受入れ態勢を確立してから移民を送るというのは国内政治上の意味はあるが、現状では事実上不可能を強いるものである(16)。

募集選考に合格した人々がなるべく早く渡航の準備ができるよう、政府は様々な貸付制度を設けた。移住希望者への貸付も元本・利息とも返済が義務づけられていた。支払いは米ドルもしくは日本円建てである。一九五〇年代、六〇年代のラテンアメリカ経済といえばどの国も激しいインフレと為替レートの乱高下で非常に不安定だった。移住者への貸付がドル建て・円建てであれば、債権者である日本政府はインフレ・リスクや為替リスクを回避できるが、リスクは必然的に債務者＝移住者にかぶさってくる。実際、入植間もない移住者の多くが「債務危機」に見舞われ、これが国会でも問題になった。中村時雄（社会党）は一九五五年五月一八日の衆議院予算委員会で移住ローン償還の問題に触れ、「現在の為替管理に非常に無理があるということ。現在ブラジルは非常にインフレ的傾向を持っておる。事実現在ドル勘定をやっておるのですから、二十七年度には二十八クルゼイロになっておる、二十八年度には四十二クルゼイロになっておる、三十九年度に九十クルゼイロになっておる。このようにインフレ傾向は非常に高くなっておる。それを今の契約でやっておって、数か月たって向うで利子返還をやるということを考えておるならば、当然幾らたっても利子あるいは返還金というものはでき得ないという結果が出てくるのではないか」と、制度面の問題を指摘し、債務調整や利子返還方法の変更などの救済が必要であるのではと詰問した。答弁に立った外務省参事官石井喬は、移住者が財政難に陥っていることを認めながらも、新しい環境に馴染めないことが原因であるとして、行政側に落ち度はなかったと反証している[17]。この国会答弁ではブラジル移民の債務問題が主題だったが、他にも、ボリビア、ドミニカ、パラグアイで同様の債務問題が生じていた[18]。

政策と現実のギャップ

ここで、視座を日本社会全体に広げてみよう。一九五〇年代当時の日本は、新しい時代の到来を感じていた。隣の朝鮮半島で五〇年六月に勃発した戦争（朝鮮戦争・一九五〇―五三年）は日本に特需景気をもたらした。戦争に参加した米軍や国連軍からの軍需が日本の製造業や鉱業を活気づかせ、日本の輸出部門はこの時期、年間六億―八億ドルを稼ぎ出した。貿易黒字は国内の資本ベースを増大し、潤沢な国内資本は製造業・鉱業の生産拡大に投下され、労働者の雇用もぐんと伸びた。国内経済が持続的経済発展の段階に入ったのである。

労働市場にも変化が生じた。労働力が余剰から不足に転じたのだ。失業率は一九五五年の二・五%をピークに減り始め、六〇年以後、常に一%台という超低失業率となり、諸外国政府を羨ましがらせた[19]。占領期には闇市を徘徊していたルンペン労働者は次第に姿を消し、訓練・教育が行き届き効率的な労働者層は、産業の成長を根底で支えた。

かつては海外移民を大量に供給した地方農村でも貧困は過去のものとなっていった。占領軍が断行した農地改革によって戦前の大土地所有制は解体され、小作農も戦前の約五〇%から一三%に減少、農村部の貧困も緩和され、農村・都市間の富の格差も急速に狭まった。

また、都会部での雇用が拡大したおかげで、農家の次男、三男に新しい就職の道が開け、農家の長年の悩みのタネだった人余り問題も解消された。一九五〇年代中頃に始まった「集団就職」の下、義務教育を終えたばかりの地方の少年少女が東京や大阪の繊維、機械工場に就職するようになった。彼らは、大人の出稼ぎ労働者と共に、製造部門を支える「金の卵」として重宝された。

国内全体の人口構造も、終戦直後の人口爆発という危機的状況は脱し、一九五〇年代後半には安定期に入っていた。人口は依然として増加傾向にあったが、増加率は抑制され、五〇年には八三二〇万人だった人口総数が五年後には八九三〇万人、六〇年には九三四〇万人に増加するに留まった（一〇年間で年平均一・一六%の増加率）。地域間比較でも、人口増加とそこからくる人口過密や失業の問題を抱えていたのは、地方よりは東京、神奈川、愛知、大阪など大都市圏だった。

このように、敗戦直後に政府が危機的状況と感じていた人口膨張は、移民政策が本格化する五〇年代中頃には都市部、地方部共におおむね収拾していたのである。

一九六〇年代初頭、ブラジルへの移住希望者が激減していることに関して、ブラジル広島県人会会長柞磨宗一は前述のような日本国内の構造的変化が大きく影響していると指摘している。

母国の戦後の海外移住は、昭和二十七年再開され、当初は移住者も年間八千人を数えた時代もあったが、近年は周知のように不振を極め、昨年度〔一九六二年〕は年間二千名にも満たない状態だとのことであります。海外移住不振の原因については、種々の見解もありますが、その原因としては、ここ二、三年来、母国が好況に恵まれて労働力の不足を来たしていること、戦後の海外引き揚げ者に多かった移住希望者が一応出つくしたこと、更に昨年のドミニカ事件のように現地事情の調査不備から、集団帰国問題まで惹起して国会でも取りあげられたため、移住希望者に未知の国に対し恐怖心を与え、移住意欲を減殺したことなどが挙げられましょう。(20)

政府の移住担当者たちも、移民募集の不振を受けて、移住計画を活性化する新しい手だてを模索していた。一九六〇年一月、南米移民の停滞が閣議で取り上げられた時、海外移住審議会は移住計画についての宣伝や情報の伝搬にもっと力を入れ、移住希望者に与える助成金を増額すべきであると答申している。(21)

しかし、行政がどんなに支援制度を強化することで移民熱を再現しようとしても、「日本が国内の人口余剰を解消するには移民は欠かせない」とする政策根拠自体、刻々と変化する社会経済状況の中ですっかり陳腐化していた。日本が海外移住を最も必要としていた時期(敗戦直後)には移民は叶わず、移民支援制度が完成した頃には構造的に必要なくなっていたとは皮肉な話である。

もちろん、海外移住の必要がなくなったといっても人口過剰問題自体が根本的に解消されていたわけではない。一九九〇年代初頭に出産率の低下や少子化が顕在化するようになるまでは、大都市の人口過密は依然として深刻な社会問題だった。しかし、一九五〇年代後半や六〇年代において、雇用創出や住宅整備、福祉などの国内諸政策で解消しきれないほど、そしてボリビアやドミニカといった経済的に好ましくない移住地に国民を送り出さねばならないほど、人口余剰は深刻だったのだろうか。それとも「人口」以外に移民計画を継続する理由があったのだろうか。

移民政策が本格化する一九五〇年代半ば、政府は「人口対策」を依然として第一義として扱っていた。与党自由党の一松政二は、一九五四年八月二〇日の参議院運輸委員会の場で、「日本は全ての問題が人口過剰に原因している。物価が高いのも、企業の倒産も、失業者も、お互いの身を削るような、このだんだん住みにくくなる日本のすべての問題がこの人口過剰にある。人口の過剰にあるが、移民によって人口問題が解決するかというと残念ながら、日本の今日のようなことでは移民によっちゃ解決しないけれども、九牛の一毛として少くとも息抜きにはなる」と発言している。(22) 一松の弁説はかなりおおざっぱでこじつけ調だが、当時の政策担当者の言説も一松と大同小異で、「人口安定化のための移民」という政府の常套句を疑問視したり批判したりする声はごく少数だった。例えば、砂間一良(共産党)が一九四九年の時点で「人口問題に関する国会決議」採決に先立ち、戦前の例をとって、政府が政策根拠をうやむやにしたり、移民を他の目的に利用したりすることのないよう警告している。

政府、世間が今騒いでいる人口問題は生活の破壊や失業、生活困乏という社会的問題である。戦前、昭和六、七年頃にも、不況が為に人口問題がやかましく議論されたが、それも一過性だった。戦前、軍閥、財閥が社会問題対策の制度を十分設けずして、人口問題、移民を帝国主義的侵略の道具に利用した。これがために米・南米の反目にもつながった。(23)

政策担当者が様々な社会問題を人口問題に収斂もしくは歪曲し、また、日本の帝国主義的意図を人口過剰論でカモフラージュしたとの指摘は、戦後の南米移民政策の本質を知る上で示唆的である。

この「政策目標の変化・すり替え」は、別の代議士や閣僚の発言にも見受けられる。

それ〔移民政策を継続すること〕が又他日の移民を呼ぶよすがになる。日本の発展の基礎になる。それが現内閣としてもこれは力を入れていることであろうし、我々自由党員としても移民という問題は、人口問題解決、或いは我が国の将来の発展の下地として、一人でも或いは半人前の子供でも、できれば送りたいというのが、私は日本政府の政策であろうと思うし、幾ら予算があろうとなかろうと、それが国策である以上、削るべからざる問題であろうと思う（一松政二、於参議院運輸委員会、一九五四年八月二〇日）。

移民の問題が人口問題に関係し、失業問題に関係するだけでなく、非常に広汎な国家の対外経済発展に重要な意味を持っている（重光外務大臣、於衆議院予算委員会、一九五五年三月二八日）。

移民政策の本質はいつのまにかすり替えられ、別の目標や価値観を追求するものとして独歩していった。そして、こうした本質的変化があったからこそ、国内の現状に適合しない移民政策が一九七〇年代まで継続されたのではないだろうか。

第Ⅲ部

移民政策のポリティクス

第五章　移民はどこから来たか

これまでみてきたように、戦前・戦後の南米移民の盛り上がりは、人口増加や貧困という国内問題を海外移住で緩和させようとした日本政府の影響力が大きく働いていた。同時に、政策が実行された当時の社会状況に照らし合わせてみると、移民政策の元来の目的と現実との間にブレがあることも明らかになった。

移民推進者たちは「人口過剰」を政策根拠の常套句としていたが、具体的にはどのような問題もしくは危機が存在していたのか。政府はどのような人々を「余剰」とみなしたのか。また、そもそも移民は日本国内のどこから来ていたのか。当然すぎるようなこれらの疑問は、先行研究ではあまり重視されてこなかった。しかし、矛盾を孕んだ移民政策の実像に迫るためには、移民の地域的、そして、社会的起源を問い直してみる必要がありそうだ。

南米移民のゆりかご、山陽・北部九州地方

二〇世紀の初頭にアメリカに移民したイタリア人の多くがシチリア島やイタリア南部の出身だったことや、世界中に散在している華僑が現在の福建省や広東省出身ということは周知のことだろう。

このように、移民の出身地がある特定の地域に集中するのはめずらしい現象ではない。日本からの南米移民でも、山陽・北部九州地方、具体的には岡山、広島、山口、福岡、佐賀、長崎、熊本が戦前も戦後も移民の揺籃地であった(以下、本書では便宜上、南米移民と関係の深い岡山・広島・山口の三県を「山陽」、福岡・佐賀・長崎・熊本の四県を「北部九州」と呼ぶことにする)。

戦前ではアルゼンチン、ボリビア、ブラジル、ペルーへの移住者の三割以上の約七万五〇〇〇人が山陽・北部九州出身者で占められていた。移住国別にみると、同地域出身者はアルゼンチン移民では一四・九%、ボリビアでは三〇・五%、ブラジルでは三五・五%、そしてペルーでは五一・八%にのぼっている(**表5-1**)。

表5-1 戦前対南米移民のうち山陽・北部九州出身者の比率

移住先	比率(%)
アルゼンチン	14.9
ボリビア	30.5
ブラジル	35.5
ペルー	51.8

出所)『佐賀県海外移住史』114, 280, 290頁, Fukumoto, *Hacia un Nuevo Sol*, p. 142, 若槻『戦後引揚者の記録』23, 25頁を参考に著者作成

注1) 移住先別データの対象期間は以下の通り. ブラジル:1899–1941年, ペルー:1899–1923年, ボリビア:1940年時点, アルゼンチン:1940年時点

注2)「山陽」= 岡山県, 広島県, 山口県, 「北部九州」= 福岡県, 佐賀県, 長崎県, 熊本県

戦後になってもこの傾向は続き、ボリビア、ブラジル、ドミニカ共和国のいずれの場合も山陽・北部九州地方出身者が三―六割を占めている。戦後の引揚者の大量帰国などによって、国内に人口移動を起こし、戦前の居住パターンは大きく変化していたであろうに、戦後の移民が再び山陽・北部九州地方に集中したのは注目すべきである。また、アメリカ当局が分割統治していた沖縄からは一万人がアルゼンチン、ボリビア等に移住している。

表 5-2　戦後対中南米移民のうち山陽・北部九州出身者の比率(1952-65 年)

移住先	比率(%)
ボリビア	62.7
ブラジル	30.9
ドミニカ共和国	27.8
パラグアイ	24.9

出所)国際協力事業団『海外移住統計』22-34 頁

移民県という地域の「伝統」と南米移民

南米移民の出身地がなぜ山陽・北部九州地方に集中したのかという疑問に対する答えとして、この地域にいわゆる「伝統的移民県」が存在していたからだとの説がある。[1] 第一回の官約ハワイ移民に広島・山口県人が多数含まれていたことを始めとして、両県及び近隣諸県でハワイや北米への出稼ぎ移民が人気となった。そして移民ブームが長期化するにつれ、「進取の気質や野心のある者は海外へ」という一種の郷土規範・伝統が作り出され、背中を押されるようにして、地域の人々、特に若い男性たちは海外に「雄飛」していった。そして、山陽・北部九州―ハワイ・北米の移民ルートの延長として南米移民が発展していった。

しかし、ここで注目すべきは、南米移民が同地域で奨励され盛り上がって行くには「地域の伝統」とはまったく異なる力が働いていた点である。すなわち、日本政府の影響力である。戦前も戦後も、政府は関係省庁や国策会社を介して移民事業を一手に仕切り、国家予算から移民助成金を拠出し、現地に移住地を取得し、そこに国民を大量に送り込んでいった。南米移民に限っては伝統主義や経路依存性(path dependency)論[2]では十分な説明がつかないのである。むしろ、南米移民の「伝統」は、社会学者E・ホブスボウムの表現を借りるなら「国家の発明品」だったと言えるのではないか。[3]

南米移民が先行移民の派生として片付けられないもうひとつの理由は、国策移民時代の移民の入植先がそれ以前とは大きく変更されていることだ。初期の南米移民(一九一〇年代まで)はペルーのリマやブラジルのサンパウロといった首都圏の近郊にある農園に契約労働者として移住するのが通常だった。それが国策時代になると、移民はそれまでの移住地からは遠く離れた奥地や辺境地に分散して送り込まれるようになった。戦後移民はボリビアやドミニカなど日本人移民の経験が皆無な土地にも送られた。入植地には、親類縁者はおろか日系人社会もなかった。「通常」の自由移民であれば、先行移民と後発移民の間で情報交換をしながら入植・定着しやすい場所を選んでいくはずである。しかし、南米国策移民の場合、移民間のそうした情報ネットワークが存在しないばかりか、政府は、現地日系人社会の心配をよそに、移民たちを僻地に送り込んでいった。移住先は移住機関が専断的に決定したため、新入移民たちは「先輩」の経験や知識といった「社会資本」に依存できず、定住のための物理的かつ心理的コストが増大し、生活を安定させるまでの苦労はただならぬものとなった。

第三、第四章で考察したように、日本国内の構造的問題——人口余剰や持続困難な農村経済——が南米移民の直接の原因だったというのが政策関係者や多くの移民学者の見解だった。マスターソン、トンプソン、コシロなどアメリカの研究者たちも、このマルサスの人口論の立場をとる。(4) 確かに、戦前日本の農村疲弊や人口過剰は深刻な問題だった。しかし、果たして日本中の地方部が均等に貧しく、人口過剰に喘いでいたのだろうか。地域間に差異はなかったのか。

地域での移民の必要性

宮沢賢治が詩にうたい、柳田国男の『遠野物語』の舞台となり、国粋主義者・北一輝の「農本主義」の思想的ベースともなった東北地方は、戦前日本の貧困を象徴する存在だった。経済発展が遅れている状況は戦後も続いた。山陽・北部九州地方の人口・貧困が海外移民の決定要因だったかどうかを知る上で、東北六県との比較は何らかの示唆を与えてくれないだろうか。

まず気候だが、山陽・北部九州は、全体に温帯気候で、気候の恩恵を受けて、弥生時代より農業技術が発達し、優れた農耕文化を生みだした。一方の東北地方は農業が主要産業でありながら、寒帯性気候で戦前の米の生産は不安定を極めた。一年の内でも冬季が長く、九州のように二毛作や三毛作はできず、農業技術があまり発達していない頃には、米以外の商品作物を生産することもままならず、冷害、凶作、飢饉にみまわれることも度々だった。米作以外の収入源として養蚕業も営まれたが、カイコの市場価格も変動が激しく、一九三〇年のいわゆる昭和恐慌の年や三四年の大冷害のときはカイコの価格が大暴落し、東北地方の農家では負債や自己破産が相次ぎ、人身売買も多くあった。米作不況とカイコ価格の暴落という二重苦が引き金となって東北からの満州移民が激増したと、日本の満州植民地政策の研究家ルイーズ・ヤングは分析している(5)。

移民送出圧力の釈度として使われるのが人口密度だが、東北よりも山陽・北部九州の方が人口密度が高い(戦前・戦後とも)ことはよく知られている(もちろん、東京、大阪、名古屋などの大都市では人口密度が格段に高い)。しかし、人口密度の高さだけをみて農村の貧困(そしてついには海外移民)に結びつけるのは無理がある。戦前の場合、土地と貧困の相関関係を示す変数としては、人口密度よりも土地所有形態のほうが適当である。戦前の農村部は五町歩以上の土地を持つ大土地所有者と大多数の零細農家や小作人で構成されていた。そして大土地所有制は山陽・北部九州よりも東北のほうが顕著だった。一九二八年の零細農家・小作農家の比率は東北では平均七一・六%と、山陽・北部九州の六六・八%より少し高かった。特に青森県の大土地所有者は一二七九戸(県内総農家数の一・六%に相当)と東北でも最多数だ。一方の山陽・北部九州地方では、熊本県が最多数の大土地所有者(六四九戸)を擁していたが、青森県に比べてかなり少ない(全国平均は一・二六%)。(6)

負債の状況も農家の貧困の度合を測るのに有効な指標である。戦前の農村では、収益はおろか自給自足するに十分な大きさの土地を持たない零細農家や小作人の家計は赤字続きで、借金をすることで生計を補った。東北地方の農家の負債状況はとりわけ深刻で、一九二九年の大恐慌後には、農家からの借金の申し込みが殺到し地元の金融業者が資金不足になったといわれているほどだ。一九三五年の統計では、東北地方の農家一戸あたりの負債額は平均で五〇四円、山陽・北部九州地方の農家の三二六円を大きく上回っていた。(7)負債額にみる東北農家の貧困は全国でも群を抜いている(県別では長野県の六六八円が全国最高である)。

以上、気候、人口密度、所有地の規模、負債状況という指標を使って、山陽・北部九州地方と東北地方をごく単純に比較した。もちろん、これで貧困度の地域間の差が測定できるわけでもなければ、「山陽・北部九州はそれほど貧しくなかった」と断定もできない。ここで指摘しておきたかったのは、人口過剰や貧困は山陽・北部九州に限った問題ではなかったこと、構造的問題だけが南米移民の直接の原因だったとは結論できないということ、そして、政府が構造問題だけを理由に南米移民を奨励したとは考えにくいということだ。小作人の多さや家計の苦しさでは他に引けを取らない東北にも海外移民を出してしかるべき必要条件が備わっていた。にもかかわらず、東北人の南米移民は絶対的に少なかった。政府が人口・貧困対策として東北で南米移民を積極的に奨励した形跡もない。ちなみに、東北は南米移民のすぐ後に始まる満州移民では長野県にならんで移住者を多く送出している。それとは逆に、満州移民における山陽・北部九州出身者は全体の一割程度に留まっている。(8)

南米移民の出身地の偏重、「移民の伝統」論では説明しきれない移民の流れ、そして、移民政策の根拠の曖昧さ——山陽・北部九州地方と南米移民の「特別な関係」はますます謎めいてくる。

南米移民政策の実相に迫るにあたり、移民の絶頂期——戦前では一九二〇年代から三〇年代中頃まで、戦後は一九五〇年代から六〇年代初期——における山陽・北部九州地方の政治社会状況を詳しく分析する必要がありそうだ。

第六章　戦前、移民前夜の政治状況

一九一二年七月、明治天皇が死去し、元号が大正に変わると、日本の政治は新しい局面を迎えた。護憲主義と大衆の政治参加による民主政治を求める声が高まり、民主化要求は大きなうねりとなって社会を巻き込んでいった。世にいう大正デモクラシーである。日本政治史上初の「平民」宰相・原敬内閣(在期一九一八—二一年)に体現されるように、明治維新より政界を牛耳ってきた藩閥政治の勢力が衰え、代わって普通選挙や言論・集会の自由の制度化を求める大衆が表舞台に登場してきた。

大正デモクラシーの主な舞台は東京などの大都市圏だったが、思想の潮流は地方の大衆も巻き込まずにはおかなかった。地方では、中央政治とは別の次元で発生した様々な集団利益や力が交錯、拮抗するようになっていた。特に、山陽・北部九州地方では、農民、労働者、そして、社会の底辺におかれた被差別部落民などの人々が権利・自由・幸福を獲得するための政治運動を起こしていた。草の根レベルでの彼らの運動は次第に拡大・急進化し、やがて権力者との対立が決定的となり、地域の政治熱は一気に上昇していく。

近代化政策と農民の窮状

歴史家紫村一重は明治時代の福岡県の農民の困窮ぶりをこう記録している。(1)

彦爺さんが一番案ずることは、娘がはたして三年の年季が明けたならば、無事に家に戻れるかどうかということである。事実、三年間に災害もなく、米が普通に穫れれば、娘は無事に連れ戻せるはずである。ところが災害は毎年のようにやって来る状態であってみれば、またまた年貢にさし詰り、またまた娘は身売りせねばならない。彦爺さんには、そうなることが眼に見えるようである。

彦爺さんでなくても百姓の大部分は、一度大きな借金をしたが最後、奇蹟でも起らない限り、その泥沼から抜け出すことは出来ない。それが、百姓の運命というものである。

このような農村の悲惨は、戦前の山陽・北部九州地方の至る所で見られる光景だった。日本の農村の貧困や困窮は江戸時代から深刻だったが、明治政府が行った近代化の諸政策は新たな搾取関係を生み、農民の生活をさらに追いつめていた。

政府が土地売買を自由化すると、大土地所有層は農地買い上げで資産を倍増させる一方で、多くの零細農家が耕作地を失い、小作人に転落した。小作料は法外に高く、収穫作物の五—七割が小作料として徴集されるのが常だった。

山陽・北部九州地方では明治初期より、地主による不当な扱いや政府の「悪政」に抗議する農民たちの抗議行動が幾度となく発生している。中でも、一八七三年、福岡県で起きた「筑前竹槍一揆」では、筑前地方全域の農民三〇万人が蜂起し、地主や富豪、県庁を狙った破壊行為を繰り広げた。同年、岡山県でも徴兵令に反対する大規模な農民一揆が勃発している。

これら初期の集団抗議行動は、反体制的要素を内包しつつも、思想、行動の両面で未熟で、蜂起は当局の圧力で鎮圧されている。それが大正期に入ると、組織化が進み、思想的にも成熟した社会運動に変遷していった。そのきっかけとなったのが一九一八年の米騒動である。

農民運動

日本の大衆運動史上未曽有の民衆暴動となった米騒動は、一九一八年に富山県魚津の漁村の主婦たちが第一次世界大戦後のインフレで高騰した米価に抗議した事件に端を発していた。主婦たちの怒りに共鳴した民衆は、米の売り惜しみや買い占めをする米商人や地元警察などを次々と襲撃し、騒動はまたたくまに全国に波及した。参加者は七〇万人にのぼり、騒動を鎮圧するため、軍隊一一万人が警察援護隊として派兵された(2)。

騒動の規模が最も大きかったのは西日本で、三重、京都、大阪、兵庫、和歌山の五県では九九市町村が、そして岡山、広島、山口、福岡の四県では八〇市町村で打ち壊しが起きている(全国合計では三一〇市町村)。また、全国で七〇の市町村に軍隊が出て鎮圧にあたったが、その内二七カ所が山陽・九州の市町村だった(3)。大衆が県庁や警察にまで打ち壊しをかけるという異常事態は軍隊の力ですぐに鎮圧されたが、山陽・北部九州地方の農民運動はその後も発展的に継続して行く。

ラジカルな農民運動は、一九二二年頃までに山陽・北部九州地方にも広がっていった。一九二二年に全国レベルの農民組合「日本農民組合(通称「日農」)」が結成され、山陽・北部九州地方の農民運動も一気に左傾化していった。設立まもない日農は岡山県の藤田農場での小作人ストの支援に乗り出した。「小作料を永久的に三割削減せよ！」のスローガンを掲げて小作人の権利確立と小作制度の改革を求め、ストは五年に及んだ。この時期の農民運動は、争議の発生件数の増加という量的な問題にとどまらず、「革命的農民組合とその影響の有無」つまり農民の組合化、運動の思想の左傾化などの質的変化において危険度を増していると内務省警保局は分析し、関連機関に注意を喚起した。(4)

日農は九州での活動拠点を福岡に置き、県下六九の農村に七八の支部を作った。組合員も約七万人を数えた。(5)組合組織の拡大に伴い、地域組合員一万人を統括する中心組織「日本農民組合福岡連合会」が発足した。福岡の農民たちは一連の争議を通じて小作人の権利確立や民主主義を要求し、地主や地元当局との敵対関係を強めるようになる。

その後、日農は組織の拡大と共に内部分裂するが、九州の急進派たちは一九二八年に結成された「全国日本農民組合（以下「全農」）」の傘下に入った（福岡、佐賀を基盤とする「全国日本農民組合福佐連合会」）。ラジカル化した地域の運動はその批判の矛先を大土地所有者だけでなく軍部にも向けるようになった。「奴等（軍隊）は軍備に狂奔し、国家機関総動員下に戦争熱をあほり、軍国主義的愛国主義を鼓吹し、労働者農民を犠牲にし、資本家地主のための人間砲弾たらしめ様としている」と、日本帝国主義を糾弾した。(6)

山陽・北部九州の農民運動は、その理想をより普遍的な大義＝社会主義の実現に昇華させるまでに思想的にも成長する。また、次項で見るように、地域の他の社会グループとの連帯のチャンスを積極的に掘り起こしていく。しかし一方で、有産階級や軍部といった支配層との対立も避けられないものとなった。

労働運動

日本の近代化・産業化の歴史は山陽・北部九州抜きには語れない。「富国強兵」政策における基幹産業である石炭、鉄鋼、造船は、この地域に大きく依存してきた。特に、石炭は資源が少ない日本が自給自足できる数少ないエネルギー源であり、戦後石油に代替されるまでは国の基幹資源だった。

明治政府の殖産興業政策で八幡、呉、筑豊、長崎などに官営の鉱山や製鉄所が次々に建設されると、全国の労働者が職を求めて殺到した。そして、これら新興産業の中心地は地域の民主・労働運動の拠点ともなる。

福岡県のはずれに位置し、かつては小漁村だった八幡は、一九〇一年に官営工場・八幡製鉄所が設立されたことで地域の産業の中心地に変貌した。全国最大の八幡製鉄所は、採炭、鉄道、水運などの関連産業も近辺に擁して、敷地内の七〇の溶炉は休みなく鉄鋼を生産し続けた。

広島県の呉市には、土地面積約一八・五ヘクタールという巨大な海軍工廠が出現した。呉海軍工廠は戦艦「大和」や「長門」、航空母艦「赤城」といった歴代の軍艦を次々に世に送り出しその名を世界に轟かせた。工廠内には約七〇〇の造船所、弾薬工場などが立ち並び、二〇万―三〇万人の労働者を使用していた。規模も一流なら生産性も世界一級で、工場関係者が「呉は戦艦だったら二年間で、巡洋艦か潜水艦なら一年あれば完成できる」と豪語したほどである。(7)

他にも、日本製鉄(広島県)や佐世保海軍工廠、三菱造船所(共に長崎県)など、山陽・北部九州地方には国の「富国強兵」政策には欠かせない基幹産業が多く存在していた。

このように、山陽・北部九州地方で工業化が進み、その経済的、軍事的重要性を高めて行く一方で、地域の労働者は民主運動に目覚め、急進的な労働運動の炎熱地と化していった。

二〇世紀の初頭には早くも、呉海軍工廠で製鉄労働者による大ストがいくつか勃発している。労働者ストを牽引したのはアメリカ留学から帰った社会主義者片山潜に代表される左派イデオローグたちだった。(8) 当局の干渉や鎮圧にもかかわらず、労働者たちの賃金・労働条件改善の要求は治まらず、一九一二年、「呉大ストライキ」が勃発する。工廠労働者約三万人がストに参加し、雇用側の不当な雇用政策や賃金体系の改善を要求。スト中、工廠のオペレーションは一週間にわたって停止され、工場内は「アナーキー状態」に陥った。

日露戦争時には大本営がおかれたこともある、軍事的要所・広島で、海軍工廠が労働者ストで一週間も生産停止したという事態に工廠のオーナー＝帝国海軍は激怒した。(9) 斎藤実海軍大臣は「職工の要求は全部否認すべし、コレがため一時工場を閉鎖するも苦しからず」と断言した。(10) 工場閉鎖による減産もさることながら、組織内の秩序と服従を絶対とする国家組織＝軍隊で労働ストなどというモラールの乱れは、断じて許せぬことだったのだ。

大正時代における山陽・北部九州地方の労働運動は、国内に広がる経済不安を背景に、また、民主化運動のうねりの影響を受けて、さらに激化していった。

第一次世界大戦後の経済不況と世界的な軍縮傾向で、この地域の軍事関連産業も打撃を受けた。広島県では、呉海軍工廠が労働者の大量解雇を断行し、県下の他の造船所や鉄工所も労働者の賃金を削減した。こうした措置に、労働組合はデモやストなどで対抗。一九二二年には、呉造船所や大阪製鉄所などの大工場や軽工業部門の中小企業で労働者たち一万二〇〇〇人がストに突入、以後、スト参加者数は五万八〇〇〇人に達した(一九二四年)と、広島県史は記録している。[11]

また、福岡県の八幡製鉄所でも労働者二万人以上を動員しての大規模ストライキが一九二〇年二月に勃発した(「八幡製鉄所争議」)。不況で生活が苦しかった工場労働者たちは賃金上昇と労働条件の改善を要求したが、工場側がこれを拒否したため、労働者たちはストを断行した。日本の富国強兵策の象徴でもあった八幡製鉄所で「大溶鉱炉の火は悉く消え五百の煙突煙を吐かなく」なったのだ。[12]また、同時期、福岡県大牟田市の三井三池製作所でも大規模な労働争議が起きた。当局は労友会幹部を検挙するなどして八幡製鉄所のスト収拾を目指すが、組合側は徹底抗戦の姿勢をとった。争議は最終的に労働者側の敗北に終わったが、国内の鉄鋼供給量の六割を担う同製鉄所が生産停止状態になったことを当局は深刻に受け止めていた。

「赤化」する炭坑労働者

戦前、石炭は日本が自給自足できる数少ないエネルギー資源のひとつであり、国内のあらゆる経済活動を支える主要エネルギー源として「黒ダイヤ」ともてはやされた。明治の産業革命によるエネルギー需要の増加に伴い、石炭生産も急拡大した。一八八五年には一三〇万トンだった年間出炭量は一八年で一〇倍に増加し、その後も盛衰を繰り返しながら、年間で三〇〇〇万―四〇〇〇万トンの生産レベルを保っていた(13)。

徳川末期より昭和の時代まで、日本の石炭業の中心といえば、福岡県、佐賀県、長崎県、熊本県、大分県など九州諸県だった。特に、福岡県の筑豊、三池、糟屋には全国最大級の炭田が集まっており、中でも筑豊の鉱山は一四二山、そこに働く炭坑労働者は一五万人、年間採炭高は一四〇〇万トン(一九二五年時点)を誇った。筑豊に次いで大きかったのが三池(現在のみやま市)で、県内の石炭生産シェア一二%を占めた(14)。この地域の石炭業は、三井財閥が一八八九年に明治政府から払い下げを受けたもので、三井鉱山株式会社の独占下にあったことから、町全体が「三池王国」と呼ばれていた。福岡県には三井以外にも三菱鉱業、古河鉱業、住友炭鉱といった財閥系鉱山会社や中小鉱山が犇《ひし》めいていた。また、帝国海軍も糟屋郡に新原炭田(県下第三位)を経営するなど、かつての過疎地は二〇世紀初頭までに国家の資源戦略の重要拠点に変容していたのである。

こうして見ると一見華々しい九州の石炭業だが、生産現場は苛酷を極めた。地下に伸びる狭い坑道を四つん這いで掘り進む採炭は、文字どおり骨の折れる作業で、鉱山労働者は通気の悪い坑内で長時間労働するため、塵肺など健康への害も著しかった。また、ガス爆発や落盤などの危険に常に曝されていた。

炭坑労働の厳しさは時代や場所をこえて普遍だ。今日でも、中国、ロシア、アメリカなどで多数の犠牲者を出す炭鉱ガス爆発事故が後を絶たない。英国の社会主義作家ジョージ・オーウェルに「自分が炭坑夫でないことを神に感謝する。どれほどの努力や訓練を積もうとも、私はけっして炭坑夫にはなれない。なったとしても数週間で息絶えてしまうだろう」と言わしめるほど、過酷な仕事だった。(15)

抑圧的な労働管理のおかげで鉱山会社の出炭高は向上したが、労働環境の劣悪さは地域の住人に広く知れ渡るところとなり、就職希望者数は次第に減少していった。企業は、労働者不足を補うため、広島県、大分県、熊本県、佐賀県などに出向いて人集めをしなくてはならなかった。(16)炭坑に入った人々は貧農が多かったが、女性(妊婦も!)や子供たちの炭ですすけた顔もあった。家族総出での出稼ぎ労働だった。高温の坑内で男女とも半裸で採炭作業にあたった。

劣悪な労働・生活環境を強いられていた炭坑労働者の不満は、米騒動をきっかけに爆発する。騒動は、一九一八年七月の富山での蜂起からわずか一カ月で岡山、広島、福岡、鹿児島まで拡大したが、これに地域の炭坑労働者も加わったのである。坑夫はつるはしを手に鉱山事務所や諸施設を襲撃した。彼らは賃金アップ、労働条件や福祉の改善を求めた。炭坑での騒動には、与論島からの出稼ぎ労働者や朝鮮人も含まれていた。彼らは、元々、スト破りのために会社が導入した労働予備軍であった。

暴徒化した労働者を前に、鉱山会社や地元警察はうろたえ、安河内福岡県知事は軍隊の出動を依頼した。田川郡の峰地炭田に小倉第一二師団が派兵されたが、武装した労働者たちがこれにダイナマイトを投げつけ、兵士三名が死亡。また、海軍直営の新原炭坑や八幡製鉄所も炭坑労働者の襲撃を受けている。

米騒動での炭坑労働者の蜂起は山陽・北部九州地方の各地に見られたが、地元警察を支援するための軍隊の派兵が福岡県内だけで八カ所以上にのぼるなど、暴力の程度や当局との対立の激しさでは福岡が群を抜いていた。また、門司市にも兵士六〇〇〇人、八幡市に四一〇〇人が出動し暴動鎮圧にあたった。複数の地域で同時発生した暴動に対処するため、軍はシベリア出兵を控えていた予備軍を急遽九州に回すほどだった。労働者の弾圧は団琢磨男爵のお膝元三井三池炭坑で特に厳しかったと言われる。団は労働運動反対派として知られていた(17)。

福岡の炭坑に飛び火した米騒動は九月上旬までにはすべて鎮圧されるが、検挙された労働者の数は五八〇名で、全国でも最多数だった。

隣の山口県宇部市でも二〇〇〇人の炭坑労働者が騒動に加わったが、市の人口が三万五〇〇〇人、炭坑労働者総数が一万人だったことを考えると、かなりの規模だった。また、八月一七日に宇部警察署が襲撃されるや、県知事の依頼で山口第四二歩兵連隊の兵士二二〇名が出動して暴動を鎮圧した。騒動を完全に鎮圧するまでに一カ月、死者一三名(すべて労働者)を出している(18)。

いったんは鎮圧された炭坑労働者だったが、九州では一九二〇年の八幡大争議を経て、労働組合が次々と結成され、組合員数を増やしていった。そして、「日本労働組合評議会(共産系、通称「評議会」)」の傘下に入ることで一気に左傾化した。

一方の政府は、マルクス主義や無政府主義など「西洋の危険思想」は天皇を中心とする国体とは相矛盾するもので、無知な大衆を誤った方向に向かわせ、社会の秩序や調和を乱すものとみなし、警戒を強めた。[19] 地元ベースの労働組合が評議会の支援で結成された経過からしても、九州の炭坑労働運動への共産勢力の浸透は疑う余地がないと考えた。特に、先の米騒動の際、武装した炭坑夫が陸軍を襲った事件について、「内地暴動に軍の実弾発射は足尾［「足尾銅山事件」］の先例あれど、軍に爆薬を投ぜしは未曽有の事」という新井第一二師団参謀総長のコメントが示唆するように、軍部のショックは相当大きく、以後、炭坑での労使争議やストには軍隊を派兵するのが常套手段となった。[20]

炭坑ある所に部落あり、部落あるところに炭坑あり

山陽・北部九州地方で急進的な発展を遂げた農民・労働者運動だったが、この社会問題は同地域に固有の問題ではなく、日本のいたるところで顕在化した。また、鉄鋼、造船、通信、鉄道業での労働運動は、むしろ都市部の方が闘争の中心だった。ならば、政府はなぜ、山陽・北部九州地方を「危険地帯」とみなし、地域の政情に神経を尖らせたのか。当時の社会運動と政府との関係の緊張度を理解する上で、「被差別部落民」の存在を見逃すことはできない。一九二〇年代、被差別部落居住者に対する差別撤廃運動が様々な分野で起きてくるが、その発展過程で急進的なグループが台頭し、地域の他の社会運動と連帯して体制側と全面対決の姿勢をとる。それに従い、地域固有に形成された社会関係の中から、部落解放運動を軸とする新たな政治ダイナミズムが生まれてくる。

戦前の被差別部落の人口は国民総数の約一・五％で、西日本地方に多く分布していた。西日本の

中でも岡山県、広島県、山口県、福岡県、熊本県など山陽・北部九州地方在住の部落民人口は全国の二八%を占めていた(一九二二年データ)。[21] 明治政府は、被差別部落民に対する差別や非人道的扱いを徳川封建制度の悪しき遺産で、近代国家にはふさわしくないとして、その根絶を社会近代化政策の一環と位置づけ、早期より対策に取り組んだ。一八七一年、被差別部落の人々に「新平民」の地位を与え、他の国民と平等の権利を約束したが(一八七一年太政官布告六一号「解放令」)、それにもかかわらず、部落民に対する差別や貧困の現状は一向に改善せず、社会・経済の底辺に置かれた現状から真に解放されることはなかった。

外界とは隔離されていた被差別部落の生活に変化が起きるのは、資本主義経済が広がり、企業が部落にも労働力を求めるようになったことによる。職を求めて被差別部落から市や町に人口が移動し始めたのだ。彼らの新たな就職先は炭坑や軍需工場だった。低賃金で危険な仕事であっても他に選択肢がない彼らを「平等主義」の雇用主は積極的に採用した。炭坑町・筑豊で「炭坑ある所に部落あり、部落あるところに炭坑あり」といわれたように、炭田には被差別部落出身の労働者が集まり、付近には新たな被差別部落が形成されるようになった。[22]

ここで興味深いのは、地方の被差別部落から炭坑への人口移動が、農民・労働者・部落民という三つの職業(または社会集団)の間にアイデンティティの収斂現象を引き起こしたことである。農業を主業としていた地方の部落民が外(炭坑)に出稼ぎに出たことで、[23] 複数の社会帰属性を持つようになったのだ。また、熊本、佐賀、長崎各県からの生活困窮者も近郊の炭坑に就職し「部落」に居住するようになると、彼らも周囲から新たに「部落民」とみなされるようになったと『福岡県被差別部落史の諸相』(福岡部落史研究会編)は指摘している。[24]炭坑で働く新・旧部落民は「農民＋労働者＋社会の周縁者」としての複合的社会アイデンティティを意識する(もしくは意識させられる)ようになり、それが、のちに全国水平社が提唱した、階級を超えた反体制運動を展開する上での理論的かつ組織的ベースとなった。

開かれた「パンドラの箱」

一九一八年の米騒動にも被差別部落民が多数、農村や炭坑の暴動に加わっている。実際に何人の部落出身者が騒動に参加したかは確かでないが、騒動に関連して起訴された八一八五人(全国合計数)の約一割が部落出身者で占められていたという数字から考えると、相当数が騒動に加わっていたことが推測できる。同時に、全人口の二％にも満たない被差別部落出身者にしてみれば、仲間の不相応な数の逮捕はいまさら驚くべきことではなく、法の下の平等や正義は彼らの現実とは無関係なことを再確認させただけかもしれない(のちに死刑の判決を受けた者もいた)。[25]

一方、米騒動で被差別部落民の憤怒を目の当たりにした時の権力者たちは、問題の根の深さを改めて認識していた。騒動から半年後の一九一九年二月、部落解放に取り組む慈善団体「帝国皇道会」が「融和大会」を東京の築地本願寺で開催した。この大会には政治家、閣僚、軍人、僧侶、穏健派の被差別部落活動家などが出席し、被差別部落民に対する社会の偏見や蔑視、差別をいかにして根絶し、社会融和を果たすかが討議された。具体策として、住宅などの生活環境や保健衛生・教育など福祉の改善充実を支援することが提案された。この提案には政府も賛同し、「部落改善費（のちに「地方改善費」と改称）」五万円を拠出することが第四一回帝国議会（一九一九年三月）で可決された。国の融和事業支援の始まりである。全国の融和事業は内務省の管轄下に置かれ、融和予算は全国でも被差別部落人口が比較的多い一七県に付与された(26)。

一言で言って、融和事業は、被差別部落民を物質的に充足させることで彼らの社会離反を防ぐという懐柔的性質を持つものだった。また、米騒動以後、部落解放運動内で勢いを増していた左派勢力を運動から切り離し弱体化させることも狙いにあった。詳細は後述するが、政府が南米移民政策を「政治的安全弁」として使うようになった際、移民事業と協力して部落民の移民を奨励したのもこの融和事業だった。

同時期、体制側による懐柔的な融和事業には与せず、独自に部落解放と権利の確立を目指す人々によって「全国水平社」が一九二二年に発足した。水平社内では、マルクス主義者（ボルシェビキ派）や無政府主義者の勢いが強く、支配層との全面対決を明確に打ち出していた(27)。彼らにとっては、近代日本に依然として残る被差別部落民に対する社会の偏見や、差別や支配の構造、すなわち、階級社会の頂点に立つ天皇制や華族制度、そして、部落経済を搾取する資本主義は、被差別部落民だけではなく、人民の敵でもあった。そして、差別・搾取の構造を根底から崩し、階級のない平等社会を実現するには社会主義革命以外に手段はないと帰結したのである。

水平社設立の数年後に、ボルシェビキ派が内部の実権を掌握すると、運動は急速に左傾化していく。一九二六年福岡県で開催された第五回全国水平社大会では、階級闘争による社会主義革命の実現を運動の最終目標とする決議が採択された。同時に、農民や労働者を始めとする他の無産階級と連携をとって共同戦線を展開するという新しい指針も出された。この共闘は「三角同盟」と呼ばれ、「複数の階級・階層が階級的利害や政治的見解・世界観などのちがいをもちながら、共通の目標のために共通の敵にたいしてたたかう」ことが戦略的に必然であり、不可避であるとの認識で結束していた(28)。

同じ社会の底辺層にありながら、被差別部落民を農民や労働者が蔑視・敵視してきた過去を克服して、無産階級としての共同戦線を張ろうという水平社の主張が現実性を帯びる地域があるとすれば、それは山陽・北部九州地方だった。前述したように、炭坑地帯に様々な出稼ぎ労働者が混在していたことで、一部の農・労・部落民の間に「社会アイデンティティの混合」が起こり、収斂した集団意識が三角同盟運動の基礎となる可能性を有していたからだ。その証拠に、福岡県と佐賀県の小作人組合「日農福佐連合」は、設立にあたり水平社の指導を仰ぎ、一九二四年の第一回大会は水平社九州支部との共催で行われた(29)。また、農・労・部落民が混在する炭鉱地帯、特に、比較的小規模の炭田でも連帯の動きが起きた。筑豊、宇部、岡山の鉱山争議など、全国水平社の地方支部が支援・参加した労働争議は多く、大串夏身は『近代被差別部落史研究』の中で「全国水平社の組織が堅固な地域では、全水の組織がかかわらなかった争議は少なかったのではなかろうか」と推察する(30)。

無産者が共有する階級意識が農・労・水の三角同盟のひとつの座軸だったとすれば、もうひとつの特質は、この地域の農民・労働運動の行動主義《アクティビズム》だった。戦前の主だった労働運動「日本労働総同盟(評議会)」は、部落解放問題を「ブルジョアや自由主義者のやるべきこと」と無視する傾向があり、また、労組幹部や普通のメンバーの意識の根底に蔓延する部落差別などもあって、それらが共闘の阻害要因となっていた。[31]しかし、中央の労組エリートが部落問題を軽視・無視したのとは対照的に、九州などの地方支部は部落問題に同情的であり、共闘意欲を持っていた。全国産業労働組合九州支部は、水平社に対する差別の撤廃と「労・水」連帯の支持を決議（一九三〇年）、また、岡山県の労働組合は「三角同盟」支持の方針を一九二四年に宣言している。このように、「部落差別に労働者として反対する」という内容の連帯決議が地方レベルで次々に採択されていた。[32]

山陽・北部九州地方の草の根行動主義《アクティビズム》の特筆すべきもうひとつの点は、運動の国際主義（コスモポリタニズム）だ。沖縄、与論島、朝鮮から本土に出稼ぎ移民があつめられたが、水平社は、これらの少数民族の文化・民族的差別や搾取の体験を自分たち自身の逆境に重ね合わせ、日本国内外で共闘を呼びかけた。[33]中でも、被差別部落の朝鮮版ともいえる「白丁」は水平社の格好の同盟相手だった。一九一九年、朝鮮半島で朝鮮人民衆による反日運動、いわゆる「三・一運動」が勃発すると、日本国内の同胞たちはこれに鼓舞され、労働運動を開始した。三菱新入炭鉱の朝鮮系炭坑夫たちも三・一運動勃発から一週間後の八日、ストを敢行し、また、翌年の八幡大争議にも参加している。[34]

水平社は、民族を超えた労働同盟を進めるに従い、アジア諸国における日本の軍国主義的進出や植民地政策を厳しく批判するようになっていったが、社会の底辺から日本の植民地政策への批判が出てくることは、日本政府にとって看過しがたいことだった。対外的にも、植民地における反日ナショナリズムを不必要に刺激することが懸念された。三・一運動の鎮圧にあたった帝国陸軍将校は、融和事業団体の会合の場で、被差別部落民と朝鮮人との間に危険な協力関係が形成されていると指摘した(35)。日本の植民地政策を直接批判するようなマイノリティ労働者の「水平社化」の動きや労働者の国際同盟は、その芽が育たぬうちに摘みとらねばならなかった。

時の権力に対抗するラジカルな大衆の階級闘争や革命運動がどのくらいリアルな脅威として権力者の目に映っていたのかは定かでない。しかし、ラジカリズムの客観的状況とは別の次元で、政府が抱いていた危機意識や統治する自信の揺らぎという主観的状況を理解することは、移民政策の政治的起源を探るうえで不可欠な視点である。

明治末期より、民衆による体制批判、特に、国体や私的財産を攻撃するような言動は政府の厳しい処罰を受けたが、これは裏返せば、台頭する反体制勢力に当局がいかに神経過敏になっていたかを示している。そして、そこには、地殻変動を続ける東アジア圏の地政学的情勢が微妙に絡んでいる。

隣国の帝政ロシアでは、一九一七年、ボルシェビキ革命によりロマノフ王朝が崩壊した。この事件は当時の日本の天皇制護持派に多大な心理的ショックを与えた。さらに、革命が日本から遥か遠くのモスクワやサンクトペテルブルクなどの「ヨーロッパ」で展開されているうちはまだしも、日本海を隔てたシベリア地方にボルシェビキ革命軍が東進してきたことがいかに日本を震撼させたか計り知れないと、アジア政治史研究のジェームズ・モーリーは説明する(36)。ロシア革命以前より世界で広まっていた国際社会主義思想が日本にも浸透してきたこともあって、大衆の中に芽生えた革命勢力を根絶しない限り、日本の天皇家もロマノフ朝と同じ運命を辿るのではないか——当時の支配層はこういう恐怖心に取り憑かれていた。

また、ロシア革命以前の一九一〇年、いわゆる「大逆事件」――幸徳秋水をリーダーとする無政府労働組合主義者たちが、明治天皇の暗殺計画策謀の容疑で一斉検挙され、幸徳ら一二名が処刑された事件――が起き、国内の社会主義活動に対する当局の警戒心は非常に高まっていた。実は、この天皇暗殺計画には部落解放運動の関係者二名が加わっているとされ、この時より、部落解放運動と社会主義者との関わりが注目されるようになっていた(37)。

左派が資本主義や国体の転覆だとか軍国主義阻止などという過激な言葉を発するたびに、体制側がいかに緊張感・危機感を高めていたかは、こうした歴史的・地政学的コンテクスト抜きには理解できないだろう。そして、一九二〇年代を通じて急進的大衆運動がさらに発展・拡大してきたことで、政府の側では大衆ラジカリズムを阻止する効果的手段を模索するようになる。

第七章 政治的ガス抜き装置としての南米移民(戦前)

権威主義政治に利用された南米移民

大正デモクラシーでは民衆勢力が政治を席巻したが、振り子はすぐに体制側に振り戻される。加藤高明内閣は一九二五年四月二二日に「治安維持法」を制定し、社会の取締りに本腰を入れた。以後、政府は国体を脅かしたり私的所有制を覆そうとする人物や行為を厳罰処分していく。翌二六年には「暴力行為と処罰に関する法律」も成立、言論や集会の自由はさらなる制約を受けた。また、思想犯を取り締まるための特別高等警察(特高警察)が設置されるなど、弾圧のシステムはますます強められていった。

社会活動家に対する特高警察や法務省の弾圧は今までになく激しいものだった。一九二八年には地下に潜伏していた日本共産党幹部や労働者・農民の支援者が一斉検挙され、逮捕者は一〇〇〇人を超えた。また、評議会や労農党などの左派組織も解散を命じられ、水平社の松本治一郎や木村久太郎らが投獄され、リーダーを失った組織は空中分解した。他の急進的運動も同様に衰退していった。

捜査を逃れ地下に潜った左派活動家たちは、運動の知的・組織的基盤を失いながらも、執拗に運動を続けた。内務省警保局の統計によれば、治安維持法違反で逮捕された山陽・北部九州地方の農民活動家は、一九二七年時点で四名（すべて福岡県）、暴力行為取締法違反等を含めると、岡山県で四〇名、福岡県で八三名が逮捕された。また三三年にも水平社活動家一四人（すべて福岡県）が逮捕されている。[1]一九三〇年代になってもこれだけの逮捕者が出たのは反体制活動家がまだ根絶されていなかったからだ。一方、この年（三三年）、全国水平社の第一一回大会で、日本のファシズムと対中戦争に断固反対する方針が採択されている。[2]当局にとって、危機的状況は依然続いていたのである。

いかにして反政府勢力を封じ込め、治安を取り戻すかについて、政府内では政策議論が交わされ、意見の対立も起きていた。法務省、軍部、貴族院、財閥などの強硬派は、あらゆる手段を講じて国体と資本の敵を根絶すべきだと主張した。しかし、内務省などの「穏健改革派」は、治安対策は弾圧一本槍ではなく、懐柔的に対応すべきだと考えた。「生活困窮者＝革命の種」に職や救済策を与え、不満を解消してやる。そうすれば、民衆が革命思想に感化されるリスクも減り、治安も回復する。左派勢力から大衆という「現実」を切り離し自滅に追い込む狙いだった。政治的安全弁として南米移民を使うという構想も、政府改革派のこうした社会政策論の脈絡から出てくる。

「人口膨張・貧困→国難」という内憂を海外移民で解消しようという政策構想が前面に出てくるのは清浦奎吾内閣の時だ。一九二四年四月、内閣の諮問機関「帝国経済会議」で、「移植民ヲ保護奨励スルハ天然資源ト人口トノ配分ヲ適当ニシ各種社会問題ノ解決上緊急ノコト」、つまり、移民政策は人口膨張、食糧不足、貧困など大衆社会の諸問題に対する社会政策である、と定義する基本姿勢が打ち出された。この決定に従って移住希望者への渡航補助金が制度化し、以後、国策としての移民事業が推進されていく(3)。

一九二四年より三〇年代中頃まで、南米移民関連予算は右肩上がりに大幅に増額されていった。二四年度の移民事業関連予算は一二〇万円だったが、これを一〇〇とすれば、二九年には七〇五に、三一年には八八一に拡大されていった(第三章・表3－2参照)。国内経済や国家財政が脆弱だったこの時期においてさえ、というよりは、不安な時期だからこそ、予算を捻出して南米移民を支援するという政府の意図が汲み取れるような予算の推移である。

一九二七年には、治安維持法を後ろ盾に左派を徹底弾圧する田中義一内閣が成立するが、権威主義的な田中政権下でも、懐柔的な「政治的安全弁」としての南米移民への支援は衰えなかった。このことは先述の移民事業関連予算の推移をみても明らかである。また、二八年四月二五日衆議院において、「共産党事件(三・一五事件)」(潜伏していた共産党メンバーが三月一五日に一斉検挙された事件)をうけて「思想的国難ニ関スル決議」が採択されたが、ここでも安全弁的(南米移民とは名言していないが)方策をもって社会の赤化を予防することの必要性が強調されている(4)。

〔前略〕国法ニ背テ共産主義ヲ実行セントスル者ノ罪科ハ素ヨリ責罰セザルベカラズトイエドモ、コノ如キ思想ヲ温醸発育セシムル所ノ環境モ、マタ、コレヲ改善セザル可ラズ。〔中略〕悪思想発育蔓延ノ素図ヲ排除シ、環境ヲ改善セズシテ単ニ刑罰ノミニ由テ悪思想ヲ撲滅セント欲スルモ、到底ソノ目的ヲ達スル能ハザル。〔中略〕イカナル悪思想トイエドモ、立法的手段ニ由テコレヲ実行セントスル気習ヲ養成スレバ、安全弁ヲ設ケテ爆発ノ危険ヲ予防スルト同様ノ効果アリ。

大衆運動の左傾化や共産勢力の拡大の背景には、近代資本主義の犠牲となった貧者や労働者、農民の不満や政治不信があり、社会を「矯正」するには露骨な弾圧だけでは不十分で、間接的・懐柔的対応も不可欠である――政府はこうした認識を持って、「政治的安全弁」のひとつとして、当時南米に活路を見出していた海外移民に着目し、一挙に多数の日本人を送出するため、南米移民を国策として奨励したのではないだろうか。

一方、民間人ではあるが、政府に近いところで「政治的ガス抜き装置としての南米移民」構想を推進した永田稠という人物がいた。日露戦争に従軍後、移住目的で渡米（数年後に帰国）、キリスト教系団体「日本力行会」会長を務め（一九一四年から七三年まで）、また、日本政府の協力を得てブラジルのサンパウロ州に「アリアンサ移住地」を建設して多くの日本人移民を受入れ、後に満州移住計画で中心的役割を果たすなど、異彩を放った経歴の持ち主である。永田は、貧者や苦学生に海外移住の道を開くことで日本国内の貧困問題が解決できると信じ、一九一九年頃より、文部省や外務省、陸軍参謀本部などから委託業務を取り付けて北・南米大陸、及び、中国東北部に移住候補地を探索して回った。また、海外移住思想を社会に広めるため、移民教育機関を設置し移民保護政策を作るよう政府に働きかけた。自分自身はキリスト教徒ではないにせよ、貧困層の自立や福利に生涯を捧げた永田は、その一方で、「日本を今日の如き状況（人口過密と貧困）に放置すれば、赤化思想はロシアから輸入せずとも、日本自体から発生すべき危険があり、之れが対策の一として海外発展

〔移民〕」を主張するなど、統治の見地から南米移民事業を捉えていた。海外移民に治安維持の政治ベクトルを織り込んでいた点では、権力側に与していたのだ。[5] 政府との関係も深く、海外移住・植民事業での功績を政府から何度も表彰された永田の政策思想――社会のガス抜き装置としての移民――が、その事業や多数の著作を通して、当時の政府の南米移民事業支持者たちに伝搬していった、または、彼らを動かしたと考えても不自然ではないのではないか。

一九三〇年年代になると南米移民は最盛期を迎えるが、移民事業の管轄が内務省から拓務省（一九二九年設立）に移行された後も「政治的安全弁としての南米移民」の政策理念は貫かれている。一九二九年の世界大恐慌後、日本国内でも経済不況が続く中、政府の思想対策協議委員は、斎藤実内閣への閣議報告（三二年一〇月一六日）を行い、「現時ノ社会情勢ニ鑑ミ、各般ノ社会政策的施設ニシテ速ニ実行ヲ為スベキ具体案ニ付慎重審議ノ結果」、「失業ノ防止及救済施設ノ拡充」を図るため、職業紹介、土木事業、生活保護等の諸政策と共に移植民を奨励することを進言している。[6] 一九三一年の満州事変以後、国内政治における軍部の台頭がもはや不可逆的な趨勢となり、アジアへの軍事進出を本格化する準備として、国内の反対勢力を根絶やしにし、社会秩序を維持するためにも「政治的ガス抜き装置」としての南米

図 7-1　『拓務省後援 ブラジル自作農移住案内』（昭和７年版，海外移住組合連合会．国立国会図書館蔵）

移民がますます有用だとみられたのかもしれない。政府が南米移民事業を諦めなかった証拠に、三三年の海外移民関連予算は不況の煽りを受けて、三一年の一〇六五万円から六六七万円に大きく落ち込んだが、三四年には七〇〇万円に増額されている。

こうして見てくると、大正後期から昭和初期にかけて、国内の近代化により生じた社会の歪みや政治的緊張を背景として、移民政策は人口緩和という本来の目的とは別の目的、すなわち、政治不安を緩和させるという第二の使命を帯びていった経緯が可視化してくる。そして、移民政策の政治化の背景には、地方の疲弊が人民のモラルや精神を頽廃させ「赤化思想」の蔓延につながるという、権力者の現実味をおびた想像《イマジニング》が常に働いていたことも理解できるのである。

移民政策のターゲットとなった人々

移民政策のターゲットとなったのは貧困層、とりわけ地方の貧農や失業者だった。

一九二三年、関東大震災の直後、政府系団体「日本移民協会」では、内務省社会局長や海軍大佐、東拓〔移民会社〕社長らの幹事が懇談会を開き、時の山本権兵衛内閣に次のように進言した。(7)

〔関東大震災後の〕帝都復興ノ為、地方ノ労力ハ多ク帝都ニ集中シ、〔中略〕過剰ノ人口ヲ国外ニ移シ、内外ヲ通シテ人口ノ平均ヲ図ルハ最大急務ナリ。〔中略〕都市ニオケル工場労働失業者ノ救済口ヲ国内ニ求メテ、農村ノ過剰者ヲ海外ニ移住セシムル。

政府は首都圏の復興に手一杯で、地方の貧民まで面倒見切れない。ましてや、在所の貧困層が職を求めて都市部に大量流入することで、都市が無秩序状態に陥ることや過激派の温床を作りだすような最悪の事態は避けたい。それよりは、地方の貧者が海外に出てくれれば国の負担は軽減され、治安も安定する。大震災直後の不安な社会状況の下、南米移民が施策化された背景には、こうした政治的算段や、都市の安定のために地方の貧困層を海外へ排出すべきという、ある種の地方差別が働いていたのではないか。

移民募集業務を代行した海外興業や南米拓殖も政府の意向に従い、農村部に集中して募集活動を行った。興味深いことに、海外興業が作成した移民乗船者リストを見ると、移民の職業欄のほとんどが「平民・農民」と記入されているが、これはあらかじめ印刷済みなのである（他には「教員」「職人」などが手書きで記入）。移住希望者はすべて農民だと移民会社が想定していたためだろう。

国内の不要または好ましくない人口を海外に送出するという「排除」の移民政策は農民以外に山陽・北部九州地方の被差別部落にも及んだ。部落民の南米移民を奨励・支援したのは、内務省社会局及びその所管の「中央融和事業協会」である。融和事業協会（一九二〇年設立）は部落差別の撲滅及び部落の経済更生を目指した政府系の団体で、当初より部落民の海外移民を提唱していた。一九二七年、この団体に対してブラジル移住支援を目的とする政府予算二七五〇円（一家族あたり五〇―一〇〇円）が拠出され、以後、国は融和事業の一環としての南米移民を予算面から支えることとなる。(8)

一九三〇年代初頭の昭和恐慌で部落の貧困が逼迫した折、融和事業全国協議会は「人口ヲ緩和シ進テ生活ノ安定ヲ得セシムルカ為北海道、満蒙、南米ニ移住ヲ奨励スル」要綱を発表した（「部落経済更生運動ニ関スル要綱」(9)）。翌年三三年には融和予算（合計一五〇万円）から四万六四〇〇円が移住費と

して計上されている。(10)

海外移住希望者には政府の補助金が出ることを被差別部落に広く宣伝するため、活字メディアや講演会を通じて啓蒙活動が盛んに行われた。一九二八年から三四年の間、融和協会系全国紙『融和時報』は紙面で、政府のスポンサーによるブラジル移民を頻繁に宣伝している。「今が移住の好適期」、「〔ブラジルの〕憲法及法律が頗る自由寛大にして聊かも差別待遇なく且つ日本人に対する態度が極めて親愛的」、「日本農業者の入国を歓迎している」といった、移民熱を煽るような誘い文句が紙面に踊った。(11)

実は、移民によって部落解放を実現しようとする考えは、昭和の指導者たちが新しく発案したものではなかった。この構想は、頭山満、杉浦重剛、南部露庵といった、明治の保守系思想家たちがすでに提唱していた。国粋主義的政治団体「玄洋社」のリーダーだった頭山は、部落問題にも関心を寄せ、被差別部落民は有産者・無産者とも海外に移住して自由な生活を始めるべきだと意見している。(12)また、教育学者であり、皇太子(後の大正天皇)の教育係をつとめた杉浦も、「非常ノ効ヲ成サムト欲スレバ、非常ノ事ヲ行ハザル可カラズ」、すなわち、日本社会に深く根ざした被差別部落の問題を解決するには、「非常」の手段＝部落民の移民、とりわけフィリピンへの移民が望ましいと考えた。(13)初期の融和運動に思想的影響を与えた南部露庵も、被差別部落民が権利を回復する手段として、指導者育成や経済成功以外に海外移民があると提唱した。移植民分野の官吏柳瀬勁介はさらに踏み込んで、部落民の移住先は日本から遠ければ遠いほどよく、適地としてペルー、メキシコ、

ニューカレドニアを挙げている。(14)

このように、政府とのつながりも深い明治のオピニオンリーダーたちは、明治の解放令後も進展を見ない被差別部落問題を一挙に解決するには、差別される者たちを海外に移住させるのが最も手っ取り早いと考えた。この「解放」構想が数十年後の南米移民政策の実際の素地となったかどうかは明らかでない。しかし、一九二〇年代・三〇年代になって、被差別部落解放運動の左傾化を憂慮した政府が実施した「海外移民＋部落解放事業」融合案の基本理念は明治のそれに驚くほど類似している。その証拠として、拓務省拓務局島田昌勢が『融和時報』(一九三二年八月一日付)に寄せた「海外移住と部落問題」と題する文章を紹介しておこう。(15)

一つの鳥籠の中へ数十羽の小鳥を入れて僅かばかりの餌食を与へると相争つて之を喰ひます。籠の中には争闘と排他の絶え間はありませんが、一度、籠の戸を開けると、小鳥達は一切因襲と束縛から解放された?〔判読不明〕に、自由の天地に気も心も暢々として自由闊達の森林に嬉々として囀りながら餌を求めます。そこには排他もなければ因襲もありません。人間という動物も、まあこんなものではあるまいか。

「因襲と束縛の籠に押し込められた小鳥達」、すなわち、被差別部落民が飛雄していく先としては、地球の裏側で広大な国土と資源に恵まれ、多数の日本人を受入れても余りあるブラジルが最適だと考えられた。かの地で独立して自由に経済活動や生活を営み、富や幸福を追求することは、融和事業が目指した部落民の「自力更生」の理念と合致する。海外移住組合の岡山支部代表も、南米移民は「経済の更生を図ると共に差別、賤視の苦痛から脱すること」ができ「一挙両得」だと説明している。[16] さらに言えば、「差別の元凶」が日本から物理的にいなくなる。南米移民にはこうした「一石三鳥」の裨益をもたらすという期待が込められていた。

国の融和事業と対立関係にあった全国水平社は、この新たな「解放策」の裏に潜む政府の真意は被差別部落の「排除＝国外への放逐」にあると察知していた。一九三〇年一二月第九回水平社全国大会では、「追放的移民政策等部落民をマヒさせんとする一切の教化運動」には断固反対する方針を採択し、運動方針大綱に盛り込んでいる。[17]

しかし、南米移民による部落「解放」は、融和事業支援者や社会運動とは無縁の低所得者層にはおおむね歓迎されたようである。一九三〇年代初頭の昭和恐慌の中、貧困から逃れて海外への移住を希望する者が部落からも出たが、その主な行き先はブラジルだった。そして、一九三六年に国策移民の矛先が南米から満州に変わると、被差別部落からの人口移動もこれに呼応するように満州開拓団として中国東北部へと移住していった。[18]

労働問題と移民政策の関係はどうだろう。著者が調査した限り、農民や部落民の場合のような組織的な実施の様子はなく、小規模なケースが散発的に見受けられるにとどまる。例えば、ワシントン軍縮会議後の軍需産業の不景気と労働者の大量解雇が原因で呉海軍工廠労働者がストに及んだ際、事態の収拾に手をこまねいた雇用者＝帝国海軍は、広島県社会課や海外移住組合と協力して、工場の正門前に机を置いて「南米移民」募集キャンペーンを行った。[19] また、一九二四年に長崎の佐世保海軍造船所で工場縮小により解雇された労働者とその家族に南米移民が奨励され、実際に数家族が移住している。同様に、一九三〇年代初頭、大恐慌後の不況を受けて、長崎県下の役所や移民会社が地元の労働者を対象に移民奨励の講演会を開いたりパンフレットを配布したりして移住希望者を募り、労働力の合理化削減に役立てたとの記録が残っている[20]。

三井三池炭坑の労組活動家で後に作家となった上野英信は、戦前の不況による炭鉱閉鎖後、九州の炭鉱からも「かなりの数」の労働者が南米に渡ったと証言している[21]。これを裏付けるように、一九六四年に東京大学ブラジル日系人実態調査委員会が実施した現地アンケート調査の結果でも、調査対象の日系人のうち、一万五〇一人が元の職業を「非農業」(全員国策移民として戦前に渡伯)と答え、そのうちの二五〇名が「炭鉱夫および石切工」とその家族だったことが判明している[22]。しかし、被差別部落出身者の南米移民同様、戦前の炭鉱からの南米移民者数については全体数が把握できていない。

第八章　戦後保守政治と南米移民

南米移民政策の政治的起源

第二章で見たように、一九五〇年代から六〇年代初頭、戦後の南米移民は黄金期にあった。この時代の日本は、主権回復、経済の復興、そして高度成長へと着実な発展を遂げ、明るい将来展望と希望に満ちていた。一九五〇年に勃発した朝鮮戦争は、日本の工業に特需景気をもたらし、国民総生産（GNP）も二桁成長のペースで拡大していった。

しかし、経済が安定成長の段階に入ったのとは対照的に、政治情勢は混沌を極めた。国家治安対策（「破壊活動防止法」）や米軍基地拡張に反対する社会運動は吉田茂自由党内閣を揺るがし、社会党と全国労働組織「総評」は共闘して保守勢力と対峙していた。一九五〇年代後半には、日米安保条約をめぐって親米派と安保反対派が衝突した。さらに、一九六〇年の安保条約改定における岸信介内閣の失政は野党や国民の激しい批判を買うこととなり、国会議事堂周辺では抗議デモや集会が繰り広げられ、暴力事件も起きるなどしたため、国政はマヒ状態に陥った。

九州地方でも、北部の炭鉱地帯を中心に労働者による社会運動が萌芽し、それが次第に「反資本・反国家」の政治闘争へと発展した。地元発の社会運動は、東京の反体制運動に触発されながら、部落解放闘争など他の社会運動と連帯し、闘争を先鋭化していく。

一炭田に一組合

戦後の経済復興に着手した第一次吉田茂内閣は、国内の経済活動において石炭と鉄鋼の生産を優先する方針、いわゆる「傾斜生産方式」を打ち出し、同産業の増強を図った。労働集約型の産業である石炭業では、出炭量の増加に必要な労働力の確保を急いだ。一九四七年制定の「職業安定法」の下、商工省石炭部は、賃金・食糧・住宅などの物質的な報奨や優遇措置を与えて就職希望者を募った。GHQも傾斜生産方式を支持し、戦前炭坑で働いていた人々に炭坑への「帰還」を促すなどして、人員確保に一役買った。昭和天皇は国内の主要炭田に行幸し、現場の労働者の労苦を労った。三井三池三河炭田では、ヘッドライト付きヘルメットに作業服のいでたちで坑内に入り、労働者に声をかけてまわったと記録されている(1)。まさに、国を挙げての石炭業支援だった。

炭坑に職を求めた人々は、復員兵、引揚者、空襲で焼け出された者、失業者などで、中には元教員や役人も含まれていた。北部九州や山口県の炭坑には、全国各地から労働者とその家族が移住し、炭田周辺は活況を呈した。戦後の炭坑労働者に関する統計は一九五一年から始まっているが、五二—五三年には、福岡、熊本、佐賀、長崎県内の五〇〇の炭坑に働く労働者は二八万人を数えている。

炭坑労働者はその数が増えるにつれ、団体交渉力をつけるようになる。

日本を占領下においたアメリカは、民主化政策の一環として労働組合法を施行し(一九四五年)、全国のすべての労働者に組合の権利や団体交渉権を付与した。この朗報はすぐさま九州の炭坑労働者にも伝わり、敗戦からわずか二カ月後の一〇月には、福岡県の田子森で全国初の炭坑労働者組合が結成されている。以後、大手炭坑から小炭田にいたるまで各地で労働組合が「一炭田に一組合」のペースで結成されていった(2)。これらの地域組合は、後に、全国的産業別組合「日本炭坑労働者組合(通称「炭労」)」や企業別組合「全国三井炭坑労働組合(通称「三鉱連」)の傘下に入り、本格的な労働運動を展開していく(3)。

GHQという絶対的権力によって実現した先進的な労働政策だったが、一九五〇年初頭、北東アジアの地政学的情勢が急変したことで、方針は一八〇度転換され、当局による労働運動の規制・取締りが強化されるようになった。一九四八年には朝鮮民主主義人民共和国が、そして四九年には中華人民共和国が成立。アジア地域での共産勢力との緊張が一挙に高まった。日本の「赤化」を防ごうと、GHQは労働運動の取締りを強化するよう日本政府に要請し、吉田内閣は、破壊活動防止法(いわゆる「破防法」)を立法化した(一九五二年七月)。以後、左派労働者の徹底弾圧が全国で敢行されると、炭坑での労働運動にも逆風が吹き出した。マッカーシズムの日本版ともいえる「レッドパージ(赤狩り)」で、福岡県だけでも、労働組合活動家一五三五人が逮捕され、そのうちの七一五名は炭坑労働者だった(4)。

炭坑労働者への逆風は、経済の分野でも吹き始めた。一九五三年から五四年にかけて、石炭の供給過剰や安価な外国産石炭の輸入が原因で、国産石炭の価格が急落した。さらに、政府が石炭業への支援や優遇措置などを打ち切ると、石炭業の経営が悪化、産業の存続自体が危ぶまれるようになった。

業界各社は、会社の生存を賭けて、労働者賃金の大幅削減や大量解雇などの生産合理化方針を実施し、一九五二年からの二年間で、約一〇万人(全国三七万人の炭坑労働者の二七%に相当)が解雇された(5)。しかし、こうした非常手段をもってしても産業の衰退は止められなかった。

瀕死状態の石炭業に最後の一撃が加えられる。国の主要エネルギー源を石炭から石油に転換するという、政府のエネルギー転換政策である。鳩山一郎内閣は一九五五年、「石炭鉱業合理化臨時措置法」を公布し、石炭鉱業整備事業団の監督下で、優良炭田での採掘活動を強化し、その一方で、採算の悪い炭田を積極的に整理していく、合理化五カ年計画が実施された。この「スクラップ・アンド・ビルド政策」によって、中小規模の炭田が閉鎖され、六万人近くの余剰労働者が解雇されると予測された。

総労働対総資本の闘い

福岡県大牟田市と熊本県荒尾市にまたがる三井三池鉱山は「スクラップ・アンド・ビルド政策」で生き残った大炭坑のひとつで、戦前より続く「三井王国」の本丸でもあった。だが、会社の合理化政策をめぐる労使対立が深刻化するにつれ、この石炭王国が労働運動の震源地と化していく。経営側が人員整理として、労働者、特に、組合員の大量解雇を行うたびに、組合員差別に地域最大の会社別労働組合「三鉱連」や三池ベースの炭労系労組に所属していた労働者たちは、抗議のストやデモを敢行した。

三池を拠点とした労働運動は、日本の労働史上で最も長く大規模な労働者スト「三井三池闘争」で臨界点に達する。一九五九年一二月一一日、三井鉱山は一二七八名の労働者の「指名解雇」を通告。解雇リストには、共産・社会党系や労働運動家が多く含まれていたため、労働者側は、この人員整理が組合つぶしだと抗議し、座り込みストに突入した。一方の会社側は鉱山を閉鎖すると同時に、福岡県警察に出動を要請。こうして争議は長期戦に持ち込まれることとなった。

三池の労働者たちは争議を「総労働対総資本の闘い」と位置づけ、三池の町、さらには、全国に支援を求めた。社会党、総評、炭労などからは組織的な支援が、国内外の支持者からは総額二〇億円にのぼる寄付金が、そして地元や他県からのスト参加者や支援者三五万人からは精神面での支援《モラルサポート》が寄せられた(6)。時の労働大臣石田博英によれば、三池労働者たちは「明治初期におきた西南戦争をうわまわる数の人々」を味方につけた(7)。全国的にも国際的にも広く支援をえた三池の労働者ではあったが、政府の見方は違っていた。三池の労働者は経済的に不必要なだけでなく、政治的に好ましからざる存在になってきたのだ。

経営者の代表である日本経営者団体連盟の側でも、日本企業の国際競争力の向上を阻むような者は「総資本の力で排除すべき」と全面対決の姿勢をとった(8)。争議の渦中にある三井鉱山は、地元警察七万四〇〇〇人の動員を要請し、組合に批判的な立場の労働者で構成される新組合を懐柔して労働運動の内部分裂・弱体化を図った。

与党自由民主党も争議解決に乗り出す。党執行部は「労働問題特別調査会」を設立し、事態の把握や諸対策を検討した。一九六〇年三月、会社が労働者のピケを突破して生産を再開したのに抗議した労働者一名が暴力団員に刺殺されるという事件が起きたが、この時、自民党は現地に調査団を送っている。調査報告書では、「九州の警察力をもってしては、治安確立はむずかしく、抜本的な対策を講ずる必要がある」こと、「暴力事犯に対して当局は毅然たる態度で処置し、公平に取り締まる」ことなどの意見がとりまとめられた(9)。政府は、事態収拾に向けて暴力団や労組を「公平に取り締まる」こととしたが、政府(岸、池田両内閣)の保守性を考えれば、労働と資本のどちらに有利な措置をとるかは想像に難くなかった。

労使交渉が長引く中、三池の総評系労組が首都圏で展開されている反政府・反米運動と連帯する動きをみせたことも、政府を刺激した。一九六〇年の安保条約の改定を目前にひかえ、国民の反対が日に日に強まる中、労働運動も反安保路線をとった。三池の労働者たちもまた、闘争の本質を日米関係やアメリカの対日政策の大枠の中で捉えていた。つまり、石炭業合理化政策を進める日本政府の後ろには、アメリカ帝国主義、すなわち、米系寡占石油メジャーとアメリカ政府の影響力が存在すると認識していたのである。一九五九年、労使全面対決を目前にした労組指導部は「組合弾圧、活動家首切りを狙う三池独占の合理化攻撃と闘うことは、とりも直さず安保を闘うこと」との決意を表明している(10)。「安保と三池はひとつだ」という、当時の労働者たちの合い言葉が、そうした決意を物語っている。

安保問題をめぐって東京では国会周辺をデモ隊が包囲する事件などが発生し、岸内閣の統治能力や正統性が問われ、政権の自信も揺らいでいた。そこに、反安保の闘争が労働問題で荒れる地域に飛び火したのだから、政府は、運動のこれ以上の激化は看過できなかった。

部落解放運動の再生

初期のＧＨＱの日本民主化政策は、広く国民に基本的人権、自由、平等を与えるものとして、日本人にはおおむね歓迎されたが、この進歩的政策にも取りこぼしがあった。被差別部落の窮状と差別の問題である。終戦当時、全国の被差別部落人口は一〇〇万人ほどだったと言われ、その四分の三が地方の農業、漁業、林業などを生業としていた(11)。地域的には、戦前同様、近畿、中国、九州に稠密し、福岡県の部落民人口は全国でも三番目に多く、約六〇〇の部落に四万世帯、二二万人ほどが居住していた(一九五七年統計(12))。

ＧＨＱが一九四六年より実施した農地改革は、大土地所有制を解体し、農村人口に対する小作人比率も五年間で四五％から一二％に激減した(13)。しかし、改革の恩恵は被差別部落農家にまでは至らず、多くの部落農家が、山間や谷間の不毛地や炭坑付近の湿田など、悪質な耕作地を借り受け、細々と営農していた。戦前の小作人と変わらぬ状況では、日々の生計も成り立たず、こうした被差別部落農家の多くは、近辺の炭田に出稼ぎに出ていった(14)。

アメリカ占領軍も、被差別部落の土地問題や炭坑への出稼ぎに少なからず関係していた。米軍が日本国内に軍事施設を建設する際、福岡県板付、岡山県日本原、広島県江田島の土地を接収したが、その際、これらの地域に居住していた部落民に立ち退きが命じられている。米軍に強制退去させられた部落民の一部が住と職を求めて北部九州に移住して炭坑労働者となったのである(15)。

米軍に土地を奪われ、炭鉱に就職した部落人口と先述の貧農部落を合わせると、炭鉱労働に従事した部落民はかなりの数に達していたらしい。正確なデータは入手できなかったが、部落問題研究所の推算では、三井三池など大鉱山で約五割、中小鉱山で七割近くが部落出身者だったと見ている(16)。

三池の連帯

戦後の部落解放運動の開始は早く、日本の敗戦から四日後の一九四五年八月一八日に投獄生活から解放された元水平社指導者たちが、一九四六年に部落解放全国委員会を結成している（一九五五年に「部落解放同盟」と改称）。社会主義の旗印を掲げたこの全国組織は戦後の部落解放運動の牽引力となる。四六年二月京都で開催された第一回大会では、「財閥」による寡占資本主義や旧華族などの特権階級、その他すべての非民主主義勢力と闘うとの所信が表明された。部落解放同盟は戦前同様、反体制主義の色濃い組織としてスタートした。

九州地方の部落解放運動の拠点は福岡県だった。岩田重蔵ら元水平社メンバーが集まって日本農民組合福岡支部を結成、県下の部落農家の経済改善運動を展開した。また、戦前からの解放運動の実力者であり解放委員会委員長の松本治一郎が一九四七年四月の総選挙に福岡県から出馬、四二万票を集めて（得票数では全国第四位）当選した。

一方、草の根レベルでは、地域の炭坑労働者との連帯が模索されていた。戦後の炭坑労働者の中に部落出身者がいたことで、労働問題を身近な問題として認識し、労働者との共闘が目指された。

また、部落の貧困の禍根が寡占資本主義とその手先の保守政治にあるという階級意識を持ち、同様に資本家と保守政治に抑圧される炭坑労働者と共闘することは必然だと訴えた(17)。労働者との発展的連携を模索する部落解放運動に訪れたまたとないチャンスが、三井三池争議である。部落解放同盟(旧部落解放全国委員会)では、支持者二千余名を派遣して三池労組を支援した。これは三池を支援する市民団体の中では最多参加者数だった(18)。

一方の鉱山会社は両者のつながりを察知するや、「三池の組合の連中は部落民だらけ」といった内容の中傷パンフレットをばらまき、組合と部落組織の信用を失墜させようとした(19)。

三池の労働者と部落解放運動は、アメリカという共通の敵も見出していた。安保闘争において三池労組がとった姿勢はすでに述べたが、部落解放運動も安保条約改定に反対していた。GHQの農地改革で部落問題が偶然にせよ除外されたこと、米軍基地建設の際、部落の土地が接収されたこと、そして、松本治一郎がいわゆる「カニの横這い拒否事件」で吉田首相とマッカーサー元帥に公職追放されたことなどが、苦々しい集団の記憶として残り、アメリカ政府への幻滅と不信感を抱いていた(20)。

さらに、一九五七年、群馬県の部落に住む主婦が米軍の射撃練習所付近で薬莢を拾っていたところ、米兵に射殺される事件が起きた(「ジラード事件」(21))。占領期より部落の人々が日々体感してきたアメリカの偽善や矛盾が白日の下に晒された事件だった。部落解放同盟はこの事件を取り上げ、部落民に対する暴力と人権侵害だとして米軍を非難した。

一九六〇年の安保条約改定を目前にして、首都圏では安保に反対する労組、学生、社会運動家たちが国会や首相官邸、駅、空港、大学で大規模なデモやストを繰り広げ、都市機能がマヒ状態に陥っていた。その頃、東京から遠く離れた北部九州でも炭坑労働者や部落活動家が反安保の旗印の下に集結し、地方を基盤とした反対闘争を激化させていたのは、すでに見た通りである。確かに、戦後の主立った社会運動は都市で闘われた。しかし、国家と市民社会の関係が非常に緊張したこの時代、北部九州を震源地とする社会運動が中央権力に危機感を抱かせていたことも事実である。そして、本書のテーマ――南米移民と地域政治の関係の分析――の脈絡においても、北部九州の政治状況は見逃せない要因である。

三池闘争についても、運動のみを見れば「斜陽産業の敗残者による最後のあがき」という過小評価に行き着くかもしれない。しかし、同時期に起きていた安保紛争という戦後最大の政治危機との関連性でみれば、それがいかに深刻な危機として政府内で捉えられていたかが理解できよう。政治学者ケント・カルダーも、三池争議の際の「〔政財界のリーダーたちの〕政治リスクや不安定要因に対する許容度は非常に低かった」と分析している。(22) 日米協力体制下、政府がこれから本格的な経済発展に取りかかろうという重要な時期に、たとえマージナルな部分であっても国内秩序の乱れはできるだけ早期に収拾せねばならなかった。政府は自らの正統性と社会の秩序を、平和裡に一刻も早く回復する方策を模索していく。

「政治的ガス抜き装置（decompressor）」としての対南米移民政策はこうした政治ベクトルから発動される。

炭鉱離職者から「農業専門家」へ

先に見たように、戦後の炭坑ベースの労働運動は、首都圏を中心に展開されていた安保反対運動と連帯するなど、政治色を濃くしていたが、政府は、三池問題の根底には経済問題すなわち炭鉱業合理化計画による失業や生活への不安があると理解していた。そして、炭鉱離職者（以下「離職者」）に転職先や補償制度を提示するなどして、反対派を懐柔し、抵抗運動を押さえ込もうと考えた。

労働省は、離職者問題の本質を次のように分析している。離職者の失業問題は「通常」の失業とは異なり、失業者が地域的に集中していること、石炭鉱業全体の合理化で失業者が一時期に大量規模で発生していること（一九五九年だけでも一八万一〇〇〇人）、彼らの多くは帰省先を持たないこと、などである。特に、三池労働者は合理化反対闘争で全国に名を馳せたが、実際には採炭以外の職能は持ち合わせていなかったので、自力で再就職することは容易でないとみられた[23]。離職者が抱える特殊な事情には、国による特別な措置で対応する必要があった。

三池での労使対立が深まる中、東京では労働省、厚生省、通産省、経済企画庁が合同で、九州炭鉱離職者への補償問題について協議を進めていた。通産省の炭鉱離職者対策本部は、三井三池の離職者に対して、会社を介して再就職の斡旋を進める一方で、臨時対策として海外移住案を提案。一九五九年九月八日の閣僚会議で、民間企業からの退職金に加え、政府も離職者援助を行うこととし、その具体策として、就職対策強化、住宅等公共対策、及び、海外移住の斡旋が決定された（「炭鉱離職者臨時措置法」一九五九年一二月一八日施行）[24]。移住計画には、外務省、農林省、建設省も加わり、一九五九年一二月、三池大ストの最中に炭坑からの南米移民も開始されている。

実は、この移住計画より四年前の一九五五年、日本政府は離職者を旧西ドイツのルール地方に労働目的で移住させる計画を実施していた。現地の炭鉱技術を習得する名目で、一九五七年から六五年の間に四三六名(すべて単身赴任の男性)が三年間の契約でルール地方の炭坑に派遣されたが、六五年で打ち切りとなっている。(25)

一見すると、西ドイツという先進国への労働移住の方が南米より魅力的だが、炭坑離職者のブラジルへの移住もいくつかの好条件を備えていた。受入国であるブラジル政府は、永住を目的とした日本人を家族単位で大量に受け入れるというのだ。しかも、開墾した土地が無償で譲渡される可能性も示唆されていた。

ひとつ問題だったのは、移住者の職種だった。先の西ドイツ出稼ぎ計画では、受入国側が採炭労働者の受入れを求めていたのに対し、ブラジルへの移民は主に未開地を開墾する「農業専門家」を想定していたことだ。炭鉱離職者は明らかに不適格だった。

しかし、日本政府は「離職者を海外移住者としてあっせんするについては、有技能者として移住せしめる方途は少数しか見込めない。従って、大量的には農業移民として主としてラテンアメリカにあっせんする以外に途はない」と決心した。(26) 離職者対策会議でも、「離職者は農村出身者が多いので、また、体力もあるので訓練を行い、経験者と混入すれば農業移民は可能である」というこじつけにも近い解釈がなされた。(27) 最終的に、移住希望者に五二〇時間の短期集中農業訓練を行うことで資格条件を満たす、という方針で決着した。(28)

炭鉱労働者を南米に大量移住させるというニュースは、ブラジルの日系人社会にもすぐに伝わった。邦字紙『サンパウロ新聞』は「筋金入り」の三池労働者の移住に対し神経質になっている地元の様子をこう報じている(29)。

〔前略〕南米通の麻生産業の麻生典太専務の話によれば、ブラジルに早くも三池のスジ金入りの連中がくるという話が伝わつて警戒気分になつているとか―。／三井鉱山では人物を厳選して送り出したいといつているが、この移住計画がうまく行くかどうか一部ではあやぶむ向きもあるようだ。

日本人移民の中に戦闘的労働運動家が含まれているとか、日本が移民を利用して過激派を南米に送っているといった噂が広まることに、移民受入国との折衝窓口だった外務省は神経を尖らせた。北部九州から一部の「炭労」指導者や組合員たちがブラジルへ移民することになった折、鈴木サンパウロ総領事は藤山外相への書簡で、「離職者には左翼が相当含まれると思われているので、ブラジルでこうした活動をさせぬよう要注意」と進言している(30)。

外務省の方でも、離職者のブラジル移民は他の移民と一緒にコーヒー農園に雇用農として入植させるようにし、離職者のみの集団移住は極力避けるよう、現地大使館に通告している。この方針は、ひとつには、農業未経験者だけでは定住が難しいとの配慮であり、もうひとつの理由は離職者が集団移住することで「離職者の移住という印象を受入れ国側に与えぬ」ためであり、また、元活動家たちが集まって現地で騒動を起こさぬようにとの警戒の意味も込められていた(31)。

三井鉱山や明治鉱業、麻生産業などの民間会社も離職者の南米移民の道を積極的に開拓していた。例えば、三井鉱山総務部は、ブラジルのリオグランデ・ド・スル州の鉱山や、アルゼンチンのサンタクルス州の炭鉱など具体的な候補地をあげ、離職者の移住の可能性を現地大使館に打診している。また、邦字新聞『サンパウロ新聞』によれば、一九五九年一〇月、三井鉱山の会社幹部がブラジル、アルゼンチンを視察訪問し、三菱東山農場などの日系農園や石川島造船所の現地工場に離職者の再雇用を相談した。[32] 現地の日系人社会もこれに協力して受入先を探すと約束した。[33]

日本国内でも離職者への南米移住斡旋が進められた。経済企画庁内に設けられた「離職者援護協会」は離職者が集中している福岡県福岡市を含む四市や山口県宇部市、福島県平市、札幌市に支部を置き、そこから移住希望者の募集活動を行った。[34] 選考合格者には、訓練手当、旅費、農具購入費用など合計一家族あたり二〇万円が給付され（同協会予算から拠出）、また、離職者訓練所で三カ月（五二〇時間）の農業訓練・語学学習プログラムが用意された。[35]

福岡県宗像町（現・宗像市）の農業訓練所を訪れた援護協会九州支部長はあいさつの中で、「現在、炭鉱離職対策が大きな社会問題となっているが、自分としてはその最も適切な対策が海外移住であると信じている。なるほど諸君は炭鉱では熟練工だろう。しかし、国内で他の職業に移れば幼年工である。何十年という経験をつんだ熟練工が幼年工となることほどさびしいことはない。それ故、自分は離職者の再出発の途は移民より他にないと判断、大いに海外移住に力を入れたい方針である。向こうの人間は怠け者だから、勤勉な日本人移民はすぐに成功する」と、激励した。[36] こうして、炭鉱の熟練工たちは短期間の集中訓練を受けた後、にわか「農業熟練者」として渡航していった。

「排除」の対象となった他の人々

炭鉱離職者以外にも、排除の対象となった社会グループはあったのだろうか。九州地方で労働運動と並行・連携して反対運動を展開した被差別部落民に関しては、戦後の政府が部落「解放」や運動封じ込めに南米移民を利用した事例は見当たらない。これについては、戦後の被差別部落問題への政府の取り組み「同和対策事業」(戦前の融和事業に相当)が開始されるのが一九六九年で、この頃までには南米移民がすでに下火になったという時間のズレが一因となっていると思われる。[37]

戦前のように、移民と融和事業を統合させた政策はとられなかった一方で、前章でも述べたように、相当数の被差別部落出身者が炭鉱労働に従事していた事実を鑑みれば、「被差別部落出身者＝離職者」の南米移民の可能性は十分あり得る。前出のトンプソンの研究でも、戦後ボリビア・サンファンに入植したグループに被差別部落出身者で炭鉱離職者が存在したことが確認されている。戦後移民と被差別部落の関係については、さらに調査・研究をする必要があるだろう。

戦後引揚者も南米移民政策の対象となった。政府は敗戦直後の混乱期、都市部への過剰な人口流入を抑制するため、満州やシベリアからの大勢の引揚者の受け皿としても海外移民を利用しようと試みた。日本の敗戦とともに「突然」帰還した「余剰人口」を都市部に放置しておけば反体制運動の温床になると懸念したためである。第七章でも紹介したが、永田稠は戦前の南米・満州移植民構想の立案者で、戦前戦後と日本力行会会長を、そして、「信濃海外移住協会」理事を務め、南米移民を貧者に奨励し続けたが、その永田が引揚者と国内治安問題について、次のように意見している。[38]

六百万の在外同胞は引揚げることになり、特に満州及西比利亜からの引揚者は、極めて惨胆《ママ》たるもので、単にその資産を失うたのみならず、彼等が高調していた日本精神をも喪失し、赤化している者も少なくない。〔中略〕かくて飽くまで米国が日本人の海外移住を支援しなければ、日本人は赤化の道程を辿るの外はなく、若しソ連が東方の領土や満州を、日本移民に解放するの挙に出づれば、耕地を求めて止まざる日本人は、尾を振ってソ連に追髄《ママ》するであろう。此辺の情勢を米国が見逃す筈はない。日本には太平洋の赤化防波堤の任務を、負担するに足る丈けの人数を残して、残余の日本人は米国の未開地開拓資金を活用して、太平洋各地から遠くラテンアメリカの諸邦に移住させるがよい、之れは、米国の国策上有利である計《ママ》りでなく、日本独自の立場から見ても、救国至上の方策である。

つまり、敗戦による人口膨張がひいては政治問題となり国難を引き起こす恐れがあるため、その予防には海外移民しかないという排除の論理に永田は至っている。

「引揚者→人口爆発→国内難民の都市流入→赤化→社会混乱」という危機の連想は、占領下の日本政府も共有していた。地方の余剰人口が都市部に大量流入することで都市の治安が乱れるのを防止しようと、各地方自治体は地元の人口・貧困問題を地元で解決するよう命じていた。

実際、日本の敗戦で九死に一生を得て帰国するも、国内での活路を見出せず、ふたたび海外に移住した人々が存在した。ブラジルのパラー州に建設されたヴァルゼア・アレグレ植民地がその一例である。先述したように、同植民地への入植者たちは日本帰国後、国の奨めで山口県内の「開拓村」――戦後の引揚者援護制度――に入植するが失敗、県内や福岡の炭鉱に就職し、そこでも石炭合理化政策の煽りを受けて失業したため、起死回生でブラジルに移住した人々である。[39]

ドミニカ（共和国）移民現地調査団が行った移民実態調査でも、戦後移住者の中に大陸引揚者がいたことが確認されている。同調査団の報告書によれば、調査対象の移民の六・九％が「大陸からの引揚者で、日本在住の土地がないため」ドミニカに移住したと回答している。[40] 満州開拓団、戦後の開拓村、南米移民と、国策移民・入植計画いずれにも関わるとは、なんと数奇な人生だろうか。

若槻のボリビア移民研究でも、戦後移住者の中に引揚者が多く含まれていたことが確認されている。若槻がボリビア国内の主な日本人移住地――サンファン、「オキナワ」、ラパス、サンタクルス――で行ったアンケート調査によれば、全体（回答者合計二四二人）の五四・一％が「旧植民地（樺太、朝鮮、台湾、南洋群島）」、「中国（満州を含む）」、「東南アジア諸国」に戦前居住した経験があった。南米移民全体のごく一部ではあるが、戦後南米移民の特色として、「海外居住経験をもち、かつ日本に生活の基盤を充分確立していない引揚者の膨大な量が存在した」ことを強調しておきたい。[41]

満州移民、開拓村、南米移民のいずれも、時勢のやむを得ぬ事情からとはいえ、生活困窮者が国の奨めで外国に移住し、そこでもまた塗炭の苦労を強いられたのである。国の政策に翻弄され続け、果ては国外に「放出」された日本人が多数いたことを二一世紀に生きる私たちは記憶し続け、また、彼らに対する政府や行政の関わりや責任をもっと調査して行くべきではないだろうか。

第九章　南米移民政策の政治的意味

「伝統」という名のガス抜き装置

戦前、戦後とも、山陽・北部九州地方で南米移民を最も積極的に奨励したのは、県や市町村などの自治体、地元の政府系団体、そして、政治家や郷土の名士などの個人だった。山陽・北部九州地方に民衆急進主義の嵐が吹き荒れた時、民衆の脅威を最も身近に感じ、その収拾に苦慮したのも、これら地域の支配層だった。

一九二〇年代前後より中国・九州地域で活発化していた左派勢力は、遠方の中央政府にまで危機感を抱かせたが、事態の収拾を巡って窮地に立たされていたのは地元の施政者だった。一九一八年の米騒動や二〇年の八幡大争議の際、福岡、山口両県の知事は地元警察の力では炭鉱労働者の蜂起を鎮圧できないと判断し、陸軍に出動を要請した（前述）。同時期、左派系の農民運動が激化した鳥取県では、県知事が東京と協議の上、生活に困窮した人々に海外移民を奨励することを決定した。日本力行会の永田会長の助言で、海外移住協会鳥取支部を設立し、県下の農民をブラジル国内の力行会アリアンサ植民地に集団移入させる計画を実行するに及んだ(1)。

地方の施政者が地元の政情に躍起になったのは、一つには、中央に対する県の「説明責任」があったからだろう。戦前、県知事は民選でなく官選（内務省の任命制）だったため、知事は県内の行政についての「説明責任」を県民にではなく東京に対して負っていた。地元の民衆が騒ぎ治安が乱れれば、県知事としての統治能力が疑われ失職しかねない。県が中央と協力して移民政策を駆使して地域社会の安定を図る動機は、このような中央と地方の力関係に起因していたものと思われる。

著者は、戦前の移民会社「海外興業」の社内記録に目を通していて、興味深い記述を見つけた(2)。全国各県から選出されるべき移民の数、つまり、一種の数値目標が東京の本社によって設定され、各県に割り当てられているのである。そして、ここでも、広島、山口、福岡、熊本四県への割当数が群を抜いて多い。他県で実際の移住希望者数が目標数を割り込んだ時など、これらの「移民大国県」が必要人数を地元で確保し、さらには、率先して他県の不足分を補っていた。彼らのこうした積極性や自主性が移民の出身地の集中に拍車をかけたと考えられる。

被差別部落で海外移民を宣伝する上でも、県の積極姿勢《アクティビズム》は大事だった。岡山県の協和会や山口県の一心会など政府系融和事業団体は、「地方部落改善運動」の一環として南米移民を奨励した(3)。また、『融和時報』の九州各地版でも政府の南米移民事業を紹介する記事を頻繁に掲載し、移民運動を啓蒙している。例えば、鹿児島県社会課にあった鹿児島県海外移住組合は、融和事業の下、ブラジル国サンパウロ州のバストス地区に移住した被差別部落出身者の近況報告の手紙を紹介している。この「ブラジル便り」では、新天地がいかに自由と可能性に満ちた土地であるか、そして日本国内に残る被差別部落同胞も「早く内国を思ひ切り海外へ移住して活動されんことを県下の皆々様にご希望いたし候」と「移民のススメ」を表明している。[4] 海外移住組合佐賀県支部の職員も「往けブラジル国へ、此の機会に一番奮発して栄冠を得よ」と檄をとばし、地元のより多くの被差別部落民が先陣に続くよう鼓舞した。[5]

山陽・北部九州の諸県は、地元で南米移民をアピールする時、「伝統的移民県」という修辞を好んで使った。この表現には、向上心・冒険心・進取の気質にあふれる成年男子は海外で立身出世するのが郷土に根づいた価値観であり、県人の矜持だとの思いが込められていた。

確かに、広島、福岡、熊本は、ハワイ・北米移民など初期の頃より、地元県民を大量に海外に送出してきた歴史を持つ。その歴史の中で、地元には海外移民を促進する「社会資本（social capital）」――地元ベースの移民事業団体や海外の県人会などの支援制度といった有形のものや、移民の知識や経験といった無形のものも含めて――が形成・蓄積された。国際移民研究の中で移民送出国の「社会」や「共同体」の役割に注目する学派は、日本の南米移民においても、この社会資本が国策移民を局地化させるのに貢献したと説明するだろう。

「伝統的移民県」の有力者たちは、海外移民を地元の美徳として誇り、さらなる発展を希求した。そうした人物の一人、広島県出身の代議士荒川五郎は、広島県海外協会の『南米ペルーと広島県人』（一九三一年出版）に寄せて、戦前の県民の海外進出を次のように位置づけた。[6]

移民王国を以て全国に牛耳をとる我が広島県人士は、本書によりて先づ南米第一の移民好適地を目指し、此地方発展の先駆者と相呼応して、南米広島新国を打建てんことは、我県人の大なる名誉であり、利益であると共に、更に移民王国たる県民の責任であることを自覚すべしである。

ハワイ第一回移民より県民を送り出し、名実共に「移民大国」を誇った広島県は、戦後もこの伝統の復活に砕身した。日本人移民再開を果たすべく、大原博夫知事は一九五六年に訪伯して、ブラジル政府に日本人移民の効用をアピールした。また、県下には「芸備協会」を設け、県民に移住奨励補助金を給付する制度を作った。また、農業高校のカリキュラムに移民啓蒙の授業を加えて、若者にも将来の職業として海外での農業を目指すよう指導した。広島県庁や広島県海外協会のこうした努力が結実し、戦後一九五五年から七七年の期間に、約二〇〇〇〇人の広島県人が中南米に移住した。『広島県移住史』によれば、県の移住奨励者たちの移民リクルート活動は執拗とも思える熱心さで、六〇年代になって移民ブームが去ったのちも、「草の根をわけても移住希望者を探しだすかのような感じで、「潜在的移住希望者」の発見を市町村に対して依頼して回る」ほどだった。[7]

ちなみに、広島県が移民の伝統の「起源」として誇る初期ハワイ移民にも、「政治的ガス抜き装置」の側面があった。一八八〇年代、軍部が広島市宇品港（当時の「仁保島村」）に軍施設の建設を決定した際、建設予定地にあった漁村が取り壊しの対象となり、そこに住む漁民や農民が軍に抗議する騒動が発生した。この時、住民たちは県知事に、そして、内務卿山県有朋に陳情を行っている。明治政府は漁民たちの陳情をいったん却下したものの、争議の悪化を憂慮し、問題を平和裡に解決するため立ち退きの対象になった村民にハワイへの集団移住を奨励した。[8]

福岡県も「伝統的移民県」を自負し、南米移民を県民に啓蒙することでは広島県にはひけをとらなかった。戦前期、海外移住協会福岡支部長だった松本学知事は、移民機関紙『八紘』（一九三〇年）で「由来吾が福岡県は県人の気宇宏大にして古来万里波濤の外に志を成す者多く、県人の大いに誇りとせるところである。先んじて海外に在住したる者は、其の貴重なる体験を以て内地に滞留する者を鼓舞し誘掖して発展の手引を為すは、これ後れたるを進む先進者の任務であり、又自己の業績を挙ぐる所以である」と述べ、福岡県が一体となって移民の伝統を継承・発展させていくことは、究極的に県全体の福利につながるとの展望をもった(9)。また、福岡県議会議長兼県海外協会副会長だった林田春次郎も同紙で、県民の海外移住が「二百五十万県民のため益々発展を期し現下経済、思想の難局をして打開の為に一段の活躍を希望して止まない」、よって、県下で移民思想の周知をはかり、移住事業を運営するための諸制度づくりを提言した(10)。

戦後期においては、福岡県内の炭鉱閉鎖で離職者とその家族の処遇が緊急課題となった際、南米移住政策が適用されたことはすでに見たが、県も独自の移住奨励策を打ち出した。三池ストが膠着状態にあった一九六〇年、県は「移住支度金」制度を設けて移住希望の離職者家族一世帯あたり一四万円を給付することとした。さらに、県知事から三万円の「知事餞別金」を出すなど、離職者もしくはスト中の労働者に海外移住を奨励する諸制度が設けられた(11)。その結果、南米移民の話が炭鉱労働者の間で広まり、応募者件数も増加していった。ある福岡県職員は、東京本部に宛てた書簡の中で、それまで労働者たちにはよく知られていなかった南米移民が「移民熱」をもって歓迎されていること、移住奨励金のおかげで労働者が移住しやすくなっていること、県下の移住希望者総数における炭鉱労働者の割合が四分の三を占めるに至ったことなどを喜ばしげに報告し、「今後も大手炭鉱と東京と協力関係を強めながら、県下での移民計画を強化していきたい」と抱負を述べた(12)。

福岡県はさらに、移住者をいまだ出していない市町村に対しては、宣伝広告や募集活動を強化するようにとの通達を下し(13)、また、県広報誌『中南米海外移住地便り』を発行して南米に渡った県人たちの活躍ぶりを伝えることで、地元での移民熱を高めようと努力した。ここに『移住地便り』に寄せられた一通の手紙を紹介しよう。福岡市出身でブラジルのアマゾナス州に移住した元炭鉱労働者は「かつての「緑の地獄」も今では立派な農場となる」という題で、ブラジル移住の経緯、現地での苦労などを綴っている。文調は淡々としているがその内容は、県側がいう「希望に満ちた新天地での新生活」とは対照的な現地の苛酷な状況を訴える内容になっている。手紙の文末は特に示唆的である。「兎に角、志を立てブラジルに来たのです。少々期待を裏切られた感なきにしもあらずですが、天に向ってツバキする愚はしません。将来に希望を託して頑張り度いと思います(14)」。

地方の余剰人口を海外移民で削減しようという国家政策を率先して地元に普及させることを、山陽・北部九州地方の移民伝統主義者たちは誇りとした。また、地元の「赤化」を防ぎ、秩序を取り戻すとともに、移植民事業を通して日本の海外発展に貢献できれば国に対しても面目躍如である。県はこのような自負心や動機をもって国策移民をすすめていったのではないか。しかし、「伝統」の名の下に、地域の社会問題——人口であれ、貧困であれ、左派運動であれ——を「移民でガス抜き」するという手法を戦前・戦後と常套的に利用したことを誇るべき伝統と呼べるのか。自由・民主主義・基本的人権が確立された規範である現代に生きるわれわれは批判的《クリティカル》に再考せねばならないだろう。

排除か和合か

国策の下、南米に渡った人々の苦難の歴史を知る者の多くは、移民政策は国家が自国民を異国の辺境地に一方的に押し出し、十分な支援や保護を与えることなしに放逐した無情な行為、すなわち「棄民政策」だったと批判する。(15) 本書もこれまで、時の政府が「不必要・好ましからず」とみなした民衆を国外に「排除」する目的で移民政策を遂行したとの論調をとってきた。しかし、この「棄民」という修辞は注意を要する。

次章で詳しく論じるように、著者は、戦前・戦後の日本の移民政策は「単なる」棄民政策ではなかったと考えている。すなわち、国家は人々を海外に移住させた後にも支配関係を続けた。日本と移民の国境を越えた関係の連続性・多面性を知る時、「棄民」という見方は断片的で、政策の本質を十分に表していないと考えるのである。

また、「棄民」論は「国家の無情・無責任」を断罪するが、そこには、移民政策が実施されるに至った歴史的背景が見えてこない。当時、社会との摩擦に苦慮した政府は、排他的・弾圧的手法と共に、温情主義的・和合的手法で対処しようとした。移民政策にもこうした排他性と温情主義の両面が含まれているのではないか。

戦前の移民政策が「排除」の性質を帯びるようになった社会的背景として、度重なる経済危機と社会格差の広がりが引き起こす治安の乱れに対する為政者の憂慮があった。労使対立や農民争議など、支配層と被支配層の間の対立は、国家全体を揺るがしかねない *sozialpolitik*（社会政治問題）であり、その是正は調停や「市場」の調整では成し得ず、国が行う福祉の力が必要であると考えられた。この「国家福祉主義」は、ドイツの国家哲学の分野で研究され発展してきた思想だが、明治末期、日本の内務省の官僚がこの思想を国内の政策分野に導入し、社会問題の諸対策を策定する上でのバックボーンとしてきた[16]。国家が労働争議の調停役として労資関係に介入したり、社会改革や福祉政策を充実させたりして、階級間に均衡と調和を図り、社会全体を脱政治化させることで、共産主義などの危険思想が大衆社会に浸透し社会を左傾化させることを防ごうとしたのである。

　内務省の中でこの福祉改革にとりわけ熱心だったのが、後藤新平が局長を務めた時代（一八九〇年代）の衛生局で、公共衛生面から社会の改善を目指した。そして、疲弊した国民経済を建て直し、国民の物理的・精神的自立を促すような社会更生の取り組みは衛生以外の分野にも広がり、内務省の社会局では、社会保障、失業者保険、貧民救済、教育など、手厚い公共政策を次々と施行した。こうした政策環境・思想の脈絡に照らし合わせると、一九二〇年代に始まる南米移民政策は社会更生運動の一環であり、冷徹で権威主義的な排除の側面だけでなく、温情的・懐柔的側面も持ち合わせていたとの解釈が導きだされる。

　被差別部落民の南米移住においても、貧民救済や自立更生の精神がその根底に流れていたと考えられる。一九三二年九月に融和事業全国協議会が決定した「部落経済更生運動ニ関スル要綱」では、「〔被差別部落内の〕人口ヲ緩和シテ進テ生活ノ安定ヲ得セシムルカ為北海道、満蒙、南米ニ移住奨励スルコト」が具体策として挙げられている[17]。また、岡山県海外移住組合代表が『融和時報』に寄せた文でも、「〔海外移住は〕経済の更生を計ると共に差別、賤視の苦痛から脱することを得ば、一挙両得である」ことが強調された[18]。つまり、内務省社会局や拓務省が南米移民を推奨したのは、国内の融和事業だけではなかなか克服できない差別や貧困に、被差別部落の人々を遠く離れた南米に渡らせ、宏大で自由な新天地で自立させようとの慈悲深い「親心」からだった、という言説である。

しかし、弱者の幸福や福利が為政者や移民政策推進者の本意だったのだろうか。戦前の国体主義・権威主義的体制の状況に照らし合わせて「国民の福利か体制の安定か」と二項対立的に問われれば、答えは後者となろう。すなわち、権威の側にとっては、体制維持や社会道徳の健全こそが大義であり、国民の生活や権利は副次的問題として捉えられていた。日本軍のアジア進出がいよいよ本格化する時局にあって、国家の緊急課題はあくまで国体護持と社会の調和であり、国民一人ひとりの幸福というミクロの次元の問題は譲歩せねばならなかった。したがって、南米移民政策は、純粋な意味での社会福祉政策ではなく、やはり、排除の政策であったと結論づけられるのである。

戦後の移民政策も、「南米移民は排除か和合か」と問われれば、本質的に排除の政策だったとの答えになるだろう。政策の立案、計画、実行に携わった者は、移住する人々が新天地で第二の人生をスタートし成功することを心底願って南米移民を奨めたのかもしれない。しかし、実際の現場でのずさんな計画や管理上の不始末、そして、困窮した移住者への不誠実な対応や放任主義などを総体的に鑑みれば、「移住者の福利優先の政策だった」との最終的評価には行きつけない。むしろ、移民政策は、国の大義＝国内のガス抜きと対外的戦略（これは次章で述べる）に重きを置いていた、と考える方が合点が行くのである。そうでなければ、先に見たような欠陥だらけで必要性も疑わしい移住政策が長期にわたって継続されるはずがないのではないか。

操作された「自発性」

一方、南米移民は国外追放や強制送還のように強制的でも一方的でもなかったのだから、移植民事業の失敗や移民の窮乏を政府の責任とするのは見当違いであり、結果はあくまで移民一人ひとりの「自己責任」であろうとの声も聞かれる。果たしてそうだろうか。

こうした「自己責任」論は、個々のディシジョン・メーカー＝移住希望者の自発的選択の根本部分が外的要因によって制約・歪曲化されていたという点を見逃している。つまり、移住計画、入植地の様子、受入国の社会文化の環境や法的枠組み、入植成功の見通しなどに関する情報の収集能力において、移民と国の政策担当者の間には大きな開きがあった。インターネットであらゆる情報が得られる今とは違い、当時の移住希望者にとっての情報源は、役所の説明や一般情報、時には不確かな風聞に限られていた。しかも、戦前の国策会社や戦後の海協連などが喧伝する情報は、南米移民の裨益をアピールするあまり、不正確、事実歪曲、誇大広告的なものが多かったことは、すでに見た通りである。「ブラジルでは木に金塊が成る」、「カリブ海の楽園」、「大土地無償譲渡」などの誇張表現が生活に苦しむ人々にはどれだけ魅力的に聞こえ、希望を与えたことか。こうした情報提供者と受信者の間にできた「情報の非対称性」という制約の下、個人、特に、社会的弱者が行った「合理的選択＝移住の決断」が、いかに操作・歪曲され、あやふやで不完全なものだったかは想像に難くない。その意味でも、移住先での数々の不慮をすべて移民の「自己責任」にすることはできないのである。

移住政策担当者のごまかしや不誠実さの犠牲となった元移民の中には、国を相手取って訴訟を起こす者もいた。福岡県の炭坑で働いていた松野武利は、鉱山閉鎖で失業し、一九六〇年にブラジルに移住した。バイア州のジュセリーノ・クビチェック植民地に入植するが失敗、同年に帰国した。松野は、入植の失敗は国の嘘の宣伝や募集方法が原因だったとして、国際協力事業団(JICA、当時の移民事業を担当した「海協連」の後身)を相手取って、六八年一月一六日福岡地方裁判所に提訴した。同地裁は原告の主張を認め、JICAに二六三万円の賠償金の支払いを命ずる判決を下した。(19)

二〇〇〇年七月には、さらに大掛かりな訴訟が東京地裁で起こされた。原告は、一九五〇年代当時に海協連の募集に応じてカリブ海のドミニカ共和国に移住した一三一九人のうちの一二六名である(のちに一七〇名に増加)。移住者募集の際、移住希望者に約束した入植条件実現の義務を怠ったとして、国(JICA、外務省、農林省)を相手取って総額二五億円の損害賠償を請求した。(20)二〇〇六年六月七日、同地裁は国が入植前に適切な事前調査を行わなかったこと、また、移住希望者に正確で十分な情報を提供しなかったことなど、計画実行者としての義務の不履行を認めたものの、提訴が入植時から二〇年以上経過していて、賠償請求権は消滅しているとして原告側の申し立ては棄却された(21)(事態はその後、意外な方向に展開し、当時の小泉純一郎内閣が「介入」し、国が被害者たちに謝罪することを約束し、一人あたり五〇万円から二〇〇万円の「特別一時金」の支払い、総理大臣からの公式謝罪、移住者債務の軽減、ドミニカの日系人社会への支援などが行われることとなった)。(22)

「排除」の効果

話を移民政策の本質についての考察に戻そう。国内の争議や紛争において、国家が取り得る解決策には、検閲や逮捕などの強硬手段から民主代表や政治参加、法的審議まで多様な手法が存在する。では、これらの解決方法と比較して、「排除」の移民政策にはどういう利点があったのか。

時の為政者が移民政策を選択した理由としてまず考えられるのは、「政策のコスト」の低さである。政策のコストとは、例えば、政府が政治・思想的理由で市民を不当逮捕、投獄、弾圧、国外追放するなどの抑圧を与えた場合、政府に向けられる非難や反対、政府支持率の低下や正統性の揺らぎなどが挙げられる。この点、移民政策はこの政治的負担を軽減してくれる。移民は国外追放とは違い、国民の自発性に基づいている（と仮定している）からである。国が「好ましからず」とみなした人々を大量に平和裡に、そして、永久的に社会から排除できる「自発的移民」は批判されることがない。むしろ、移住者たちに人生第二のチャンスを与えたと高く評価されるかもしれない。統治効率が良いのである。

「移民政策で排除する」もうひとつの利点は、人々が「反対するコスト」を増大できることである。その好例が一九五九年の三池争議だ。石炭の合理化をめぐって労使対立が最悪の状態にあった時、企業は穏健派労働者に南米移民も含めた様々な報奨を与えて自主退職に向かわせた。そして、移民広告を行う際には「労組との摩擦をいかに避けるか十分検討」するよう、外務省移住局が他省庁に注意を喚起するなど、警戒心を持ちながら移住計画を実行した(23)。もちろん、南米移民のせいで労働者が三池闘争に敗北したわけではない。しかし、「移民の窓」を開くことで、ストを続ける労働組合側の「機会費用(opportunity cost)」を増大させ、スト参加者の闘争心を消沈させるなど(特にリーダー格が移住を決意した時)、運動の衰退に作用したことは十分考えられる。

一方、ストを続ける三池組合員たちは、移民でスト崩しを狙う会社に反発し、移住を決意した仲間を裏切り者と非難した。また、三井鉱山がブラジルのリオグランデ・ド・スール州と提携して余剰人員を鉱山労働移民として送出しようとした際、組合は猛反対し、同計画を阻止している(24)。国の移民政策に密かに織り込まれた組合撲滅の狙いを組合側は察知していたのである。

戦前・戦後の動乱期、山陽・北部九州地方に広がった危機状況の中で発動された「政治的ガス抜き装置」＝南米移民政策だが、日本が新たな時代の局面を迎えることで、急速に衰退していく。第一、第二章で見たように、戦前では、一九三〇年代前半の南米移民全盛期の後、国策移民の焦点が満州に移行すると、南米への移民はめっきり減少した。また、国内政治も、三七年以後のファシズム体制の下で、懐柔的社会政策は弾圧的な社会統制にとって代わられた。戦後期では、六〇年代以後の急速な工業化と経済成長で、物質的に潤った国民の関心が政治から経済へと移行していく中、移民政策も政治的安全弁としての使命を終え、歴史から消え去るかに見えた。

しかし、南米移民政策は日本国内での「任務」が終了した後も、南米の地でその思想、価値観、目的が引き続き実践されていく。それは、移民政策が国内的政治機能以外にもうひとつの使命を帯びていたからである。

第一〇章　国家建設に動員された南米移民

これまで、南米移民政策の排除的側面――時の支配者が国内の好ましからざる人々を移民の形で国外に放逐し社会を浄化する経緯――を検証してきた。だが、移民政策の本質は人口の国外放出(exclude)で終わらない。政策は「ヤヌスの鏡」のごとく、もう片面に「包摂する(include)」性質を帯びていた。移住希望者を海外に移送した後も彼らとの関係を絶つことなく、むしろ、国境を越えた有機的関係を築き、母国の国益に役立てるという仕組みだった。ここに見えてくるのは、日系人を日本の近代化と海外進出に利用しようとする国家の意志と、その期待に応えようとする「ディアスポラ(「海外離散者」の意味)」の愛国心である。その相互作用から想像されるのは、既成の国家概念とは異なる、国境を越えた国家像(statehood)であった。

移植民と資源戦略

一九三六年九月一九日、ブラジル政府貿易使節団一行を乗せた「ぶえのすあいれす丸」が横浜港に着岸した。使節団は、ブラジル政府から全権大使に任命されたジョアキム・P・S・フィリョ(前労働商業産業大臣)を団長とする政財界の代表ら二七名で構成され、鉱業、コーヒー、綿花などの輸出品を日本に売り込むのが目的だった(1)。

一行は一カ月ほど日本に滞在し、東京や大阪で政府高官や経済人と面会している(2)。一連の協議の中でも、綿花貿易の拡大は重要な案件だった。大阪商工会議所では、ブラジル産綿花の輸入量、輸送管理システム、ブラジル北部での綿花栽培拡大計画などについて活発な意見交換が行われた。具体的な取り決めは結ばれなかったものの、綿花が今後の二国間貿易の重要な品目となることを双方で確認したのである。

初期の日本人移民が従事したのが綿花でなくコーヒー栽培であったことからもわかるように、当時のブラジルにおける主要農業はコーヒーや砂糖であって、綿花ではなかった。日本人の手で最初に綿花が植苗されたのは、一九一六年、サンパウロ市郊外のモンソン植民地だったと伝えられている。その後、綿花栽培を行う日系農家が少しずつ増えていった。そして、二七年、コーヒーの市場価格が下落したため、サンパウロ州は値崩れを防ぐためにコーヒーの生産量を規制。ブラジルに残って農業を続けたいと望んだ日系農家が選んだ代替が綿花栽培だったのである。

日系綿花農家は、サンパウロ市郊外を中心に分布し、その生産形態や規模は様々だった。個人農家は生産規模も比較的小規模だったが、日本棉花株式会社の現地子会社「ブラズコット」や東洋棉花株式会社系「アルゴデイラ・ドゥ・スル・リミターダ」は、近代的な大規模生産を行った。そして、ブラジルの綿花は海外輸出できるまでに成長した。日本向けの最初の出荷は一九三三年で、約八〇トン(六万二〇〇〇円相当)、翌年は約一六五〇トン(一二七万円相当)に急増した(**表10－1**参照)。三六年には、輸出量が前年比で一六倍、金額では一四倍に成長した。

表 10-1　日本の綿花輸入（1933-37 年）

年	輸入合計金額（千円）	ブラジルからの輸入合計金額（千円）	ブラジルからの輸入量（kg）
1933	604,467	61.9	79,552
1934	730,936	1,269.80	1,653,654
1935	714,262	3,005.40	2,487,274
1936	850,452	42,724.10	40,686,077
1937	851,163	47,890.10	51,445,330

出所）ブラジルからの綿花輸入に関するデータは広島市『海外移住』31 頁より，日本の綿花輸入全体に関するデータは *The Japan Year Book: 1936*, p. 389，及び *The Japan Year Book: 1938-9*, p. 405 より

この時期、ブラジル国内で日系農家による綿花栽培が盛んになる一方で、日本のブラジル綿花の輸入が増加したことは偶然の一致ではなかった。その背後では、南米から綿花を積極的に買い付けようという、日本政府の方針が影響していた。

当時、繊維は日本の主要輸出品であり、その原料の綿花は主に、アメリカや英領インドからの輸入に依存していた。しかし、植民地主義競争で英米との対立が深化する中、日本は、ブラジルなどからの輸入を開始することで、綿花貿易での英米依存から脱却し、貿易パートナーを「分散化（多角化）」する方針を打ち出した(3)。一九三〇年、拓務省拓務局は、日本の綿花輸入の今後の課題として、「南米ブラジル国ニ於テ右（掲示表）ノ棉花ヲ邦人ノ移住ニ依リ生産スル」、つまり、ブラジルで農地を購入し、日系移民を動員して綿花産業を殖産する政策を提案している(4)。

ブラジルやペルー(5)からの綿花輸入が伸びた結果、日本の対南米貿易は赤字となった。日伯貿易収支の場合、一九三五年の黒字（一九〇万円）から、綿花輸入が急増した三六年には三八五〇万円の赤字に転じている(6)。しかし、日本は対ブラジル貿易赤字を特に問題視することなく、逆に、同国に最

恵国待遇を与え、ブラジル産綿花の輸入をさらに奨励している。当時、世界各国が保護貿易主義に傾倒していた状況から考えると、一見自由貿易主義的な日本の対応は奇異に映るかもしれない。日本が市場をブラジル綿花に開放したのは、自由経済へのコミットメントではなく、民族主義的動機によるものだった。東京日日新聞副社長で法学者の岡実は、日系資本及び労働によって南米に殖産することの意義について、こう開陳している(7)。

日本も今後は貿易の輸入超過であることを、決して我々は急に心配をしなくても宜い、〔中略〕それは海外の土地から、先程云つた支那の土地を利用する、南洋の土地を利用することから生じて来る収入、或は日本の労働者が外に出て働く賃銀を送つて来る其収入、尚ほ其外海外に資本を運転することに依つて生ずる収入、是等のものを余計にすることを考へなければいけない。海外に於ける土地、海外に於ける労働、海外に於ける資本が海外で以て働きさへすれば、〔中略〕海外貿易の如きは一億二億は愚か、五億十億の輸入超過になつても宜いばかりでなく、我が国の如きは本来十億位の輸入超過にならなければならぬであらうと私は考へる〔後略〕。〔傍点は原文〕

つまり、南米地域での日本輸出向け産品の生産が「日本的要素」によるものである限り、貿易収支は表面的なことであってさほど重要ではない。肝要なのは、戦略的物品の生産活動が日本的要素——日系資本を投下し、日系人労働者を使役しての農場経営——を基盤としている、という本質であった。岡のこうしたネイティビスト(土着主義)な思考は、拓務省幹部ら他の南米移植民推進者たちも共有していた。彼らは、民族主義的理念を念頭に、海外投資やブラジルからの資源輸入を日本人移民と連結させようと努力した。例えば、一九三六年の日伯貿易交渉では、綿花輸入の拡大を求めたブラジルに対し、日本は、ブラジル北部における綿花栽培を目的とした日本人移民の受入増加を交換要求している。拓務省も、その刊行物『拓務時報』において、日本が国際力を追求する上で、移民と植民開拓は相互補強的関係にあり、切り離せないものだと、「移植民」政策の重要性を改めて強調している(8)。

外国の地に日系資本と労働を投下し、農業開発を展開し、裨益を最大化するという、日本の拡張的海外投資戦略はアジアではすでに展開されていたが、ラテンアメリカで最も精力的に実践されたのがブラジルだった。綿花など特定の戦略的農業分野における大量生産の中心地を短期間に開発するため、農業経営の組織力と資源配置力をフルに活かした制度作りが行われた。ここで監督兼コーディネーター役を務めたのが拓務省であり、現地の日系移民による組織であった。

ブラジルの農業開発における拓務省と日系移民との関係は、「企業移民」や農業組合を通じて構築されていった。「企業移民」は、国策会社海外興業や日系企業が建てた農園で雇用する目的でブラジルに渡った日本人移民や現地雇用された日系人をさす。日本の国内法「海外移住組合法」(一九二七年)に基づき、「海外移住組合連合会」が設立されて以来、企業移民が盛んになった。ブラジルでは、移民の受け皿である大規模な日系企業ファゼンダが大サンパウロ地区やアマゾン地帯などに次々と設立された。資本の形態は、海外移住組合など政府(日本)系の農園や、海外興業が所有していた「イグアペー植民地」などの半官半民のもの、そして、三菱系東山農場や、野村農園、鐘淵紡績の南米拓殖などの民間系があった。また、熊本県出身の代議士上塚司が建てたアマゾニア産業研究所は、日本政府と複数の財閥が共同出資するという官民混合投資の形態をとっていた。そして、ファゼンダに雇用された移民たちは、「日本のブラジル進出は、なにがあろうと、日本の資本家と移民の企業家精神をもってして、続けられねばならぬ」(秋吉ブラジル大使の弁)という母国政府の大きな期待を担っていた(9)。

ブラジルの日系企業移民は、内外の市場向けに、コーヒー、柑橘類、日本酒、ジュートなど多種多様な換金作物を開発した功績で名高い。中でも、アマゾンのトメアスー植民地でのピメンタ(黒胡椒)栽培の成功は有名である。トメアスー植民地は、鐘淵紡績系「南米拓殖」がパラー州のアカラ川沿いに建てたものだが、当初は、作物に恵まれず、日本人移民たちは苦境に立たされていた。起死回生の思いで、シンガポールから取り寄せたピメンタの苗二〇株を植え付けると、これが結実し、以後、南米拓殖と日系人たちは試行錯誤を続け、商品化に漕ぎつけた(10)(第二次大戦中、日本のジャワ島攻略で、世界の胡椒価格が暴騰した際、トメアスー産ピメンタはブラジルに大きな貿易収入をもたらしている)。第二次大戦後、日系人のピメンタ栽培はトメアスー地域を代表する大ヒット商品に成長し、かつて「緑の地獄」と移民たちに恐れられたこの地も見事に開墾された(11)。他にもcaqui(柿)やポンカンなど、日系農家が栽培する食物が次々と市場に送り出され、今でも現地のブラジル人の食卓に色を添えている。日系農業は、新規農産品のインキュベーター(保育器)として賞賛された。

ブラジル国内の日系農家としては、企業移民以外にも比較的小規模な家族経営の独立農家があった。戦前、これらの独立農家は大サンパウロ地区に集中していたが、その経営状態や財務状況が脆弱だったため、経営立て直しへのてこ入れとして、日本政府は彼らの集団化・組合化を奨励した。

一九二八年、在サンパウロ総領事館勧業部は、日本人農家の組合設立を支援する目的で助成金付与を開始した。この資金を元に、同年一二月、ラテンアメリカ初の日系農業組合「コチア産業組合」がピニエイロにて発足した。日本政府の支援という鳴り物入りで発足した日系農協の噂は州全体に広がり、入会員数も初年度の八三名から、八年後には九三二名に増え、ピーク時には一万八〇〇〇名という南米最大の日系農業組合に発展した。コチア産業組合はその組織形態も独特で、農業以外にも道路や橋の建設、倉庫、コミュニティーセンター、日本語学校、貸付など多様な活動に従事、地元日系人農家の依り処となった(12)。戦後日本の農協を彷彿とさせるようなコチアの組織力や財政力は、ブラジル社会でも伝説的存在として語られた。

図 10-1　桂人会小学校開校式(『イグアペー植民地』1917 年. 橋田正男関係資料. 国立国会図書館蔵)

コチア以外にもブラジル国内に産業別、地域別の農業組合が設立されていったが、日本政府はこれら日系組織を統合管理すべく、一九三四年四月に日伯産業組合中央会を設立した(13)。組合員となった日系農家に対しては、拓務省や現地大使館を通じて本邦からの命令や通達が伝えられ、時には農業運営についても指示が与えられた。例えば、綿花ブームで日系農家がこぞって綿花栽培に飛びつこうとした際、拓務省拓務局は、日系農業全体が単一作物に過度に集中・依存するのを案じ、現地領事館を通じて「あまりに棉の単作に走らざるよう、農業を、企業化、投機化せざるよう、更に収益を賭博その他有害無益の方面に浪費せざるよう」そして、綿花以外の作物の生産にも努力するよう勧告した(14)。

移民と資源戦略を組み合わせた日本の政策は戦後も踏襲された。ブラジル中・西部における大豆産業開発がその代表例である。

ブラジルでは元来、大豆は家畜飼料として消費されるだけの「低い身分」の農産物だった。それが、農産物輸出全体における大豆のシェアは二一・七%(二〇〇五年)を占めていることからも分かるように、現在では国の最大輸出農作物となっている(15)。かつてはブラジルの最大輸出産品だったコーヒー豆の王座を奪った大豆は、まさに「豆の王様」なのである。国際大豆市場においても、ブラジルはアメリカに次ぐ世界第二の輸出大国で、市場シェアは二六・七%を占める(二〇〇五年の輸出量は、ブラジルが五二五〇万トン、アメリカが七四八〇万トンだった)。大豆生産の国内最大の拠点は、中西部(地元では「セラード」として知られる)のサバンナ地帯、マト・グロッソ州の州都クイアバー市である。

一方、大豆消費大国である日本では、和食には欠かせない大豆が遠く離れたブラジルから来ていることはあまり知られていない。日本にとって、ブラジルはアメリカに次ぐ大豆供給国なのである(ブラジルのシェアは一六%、アメリカは七六%)(16)。さらに知られていないのは、ブラジル産大豆がクイアバー市の日本人「同胞」たちによって始められた歴史である。

ブラジルの土に日系人の手で最初に大豆の苗が植えられたのは一九二〇年代のことだ。以来、日系人農家は、自家消費や地域の市場に出荷するため、片手間的に大豆の栽培をしていた。

そこに一大転機が訪れる。一九七三年、アメリカのニクソン政権が大豆の海外輸出禁止令を発動した時のことである。日本へのアメリカ産大豆の輸出が突如として二カ月間も停止され、日本は一時パニックに陥ったのだったが、日本政府はすぐさま、大豆版「ニクソン・ショック」からの救済の道を見出した。ブラジル産大豆である。田中角栄首相は、七四年九月に訪伯し、大豆などの農産物の二国間貿易についてエルネスト・ゲイゼル大統領と話し合った。首相は、「広大な国土と豊かな資源のブラジルとの提携を深め、資源の長期的、安定的供給を確保」すべく、資源豊富なブラジルとの経済関係を強化したいとの意向を伝えた(17)。田中首相の資源外交が奏功し、一九七三年以降、日本のブラジル産大豆輸入は、量、シェアともに拡大し始めたのだ。七二年には〇・〇四％程度だったブラジル産大豆のシェアが、七三年には五・九％に急拡大、以後着実にシェアを伸ばしていった。

ブラジルの大豆生産・輸出の底力を確信した日本は、以後、ＯＤＡの形でブラジルの大豆産業を資金・技術援助していく方針を打ち出した。国際協力事業団（ＪＩＣＡ）とブラジル政府が協力して、同国の中・西部七州に大豆を始めとする一大農業センターを作る計画（通称「セラード計画」）が七九年に開始された。セラード計画には、前述のコチア産業組合が加わり、大豆の生産、貯蔵、現地市場調査や、農業訓練所の設立などを指導した(18)。

ブラジルの大豆開発計画に関与した日本の裨益も大きかった。まず、貿易相手国を多角化することで、七三年の大豆ショックのときのような国際貿易上のリスクを分散し、アメリカへの依存度を縮小することができた。また、日本がＯＤＡを通じて未開発地域に大豆のような輸出農産品の中心地を開発し、ブラジルの経済開発に貢献することで、国際経済協力分野での日本の貢献が注目された。このことは、経済力をテコに国の国際的地位や世界の尊敬を得、援助大国になろうとする国際主義日本の理念と合致していた。

さらに最近では、世界の資源価格が異常高騰し、農業輸出品の買い付けをめぐって、中国など新興国と熾烈な競争が繰り広げられているが、こうした中、ブラジルやアルゼンチン、パラグアイの日系農家は安定した、信頼できる供給元として、日本の商社や農協の間で注目されている。大豆など既存の農産物以外にも、買い付けが難しくなっている家畜飼料用とうもろこしの生産を日系農家に依頼するケースも増えた。食糧・資源の需給構造がグローバルな規模で地殻変動を起こしている今、日本と南米の日系農家の連帯も新たな発展の時期に差し掛かっているようである。

藍より青く

「何故ニ吾カ第一世達ハ伯国人タル吾々ニ日本精神ヲ注入セントスルカ吾々ハ伯国ニ生レ育ツタ者デアル親達ノ母国ニハ何等ノ関係ノナイモノデアル根強イ伝統的日本精神ヲ持シテ而モブラジル人トシテ行動セヨトノ勧ムルコトハ何タル矛盾ソヤ、伝統的特殊ノ日本精神ヲ有ツ日本人ニ適応セヨト吾々ニ望ム事ハ全然無理ナ事テアル否不必要テアル人ハヨク大和魂トイフ事ヲ口ニスルカ自分等ニハ何ノ事タカ解ラナイ(19)」

これは、在ブラジルの日本人の文化意識について、戦前の日本外務省が行った調査報告書に紹介された日系二世青年のコメントで、当時の日系一世と二世の世代間ギャップをよく表している。この報告書によれば、民族的道徳観や文化継承についてのこうした世代間のズレは、他の日系家族にもよく見られる現象だった。

「日本との絆」についての日系人の世代間ギャップは大変興味深く、本書では語り尽くせない複雑さを持っている。そして、同じように複雑なのが、世代間の法的ステータス――国籍や在留資格――の違いである。

第一章でも述べたが、一世のほとんどが日本国籍で、二世は現地（ラテンアメリカの国）の国籍を保有するか、重国籍状態にあった。日系二世に重国籍者が多いのは、ラテンアメリカ諸国の多くが国籍法に（出）生地主義（国籍を取得する時、出生地の国の国籍が付与される）を採用している一方で、日本では血統主義（子は出生地に関係なく、親の国籍が付与される、jus sanguinis）だったため、ラテンアメリカの国で生まれた日本人移民の子供には両国の国籍が与えられたためである（戦前では、日本人の子供の出生届が在外公館や現地の日本人会に提出されると、「内地」に送られ、「入籍」や「国籍取得」をした）。[20] 重国籍は法律上、双方（日本及びラテンアメリカ諸国）で禁止されていたが、現実には両政府とも看過していたらしい。日本政府は、日本国籍を保有する日系二世、三世とも「日本人」として取り扱い、時には、「内地」に出生届、入籍届が提出・受理されない、日本国籍を正式に取得していない日系人でさえも「日本人」とみなしたようである。[21] 日本、ブラジルの二重国籍で、就学目的で日本に「帰国」した二世の中には、戦後、連邦下院議員になる平田ジョアオ進がおり、また、日本軍に徴兵されて太平洋戦争で戦没した若者（六名、うち二名は沖縄出身）もいた[22]。

日本の現行国籍法が基本的に血統主義であることからもわかるように[23]、血縁や生体起源が日本「国民」の定義のベースになっている。しかし、戦前の日本政府は、もっと純粋な「日本人像」を追求して、血縁以上のもの、すなわち、言語、歴史、モラルといった文化・精神面での共通認識――究極的には天皇制崇拝――こそが真性日本人の規範だと標榜し、海外の日系人にも求めた。小熊英二は『〈日本人〉の境界』の中で、近代日本にとっての「日本人」とは、自由・国籍といった法的権利ではなく、文化・精神性（究極的に、天皇制日本への「忠誠と帰依」）によって定義されてきた、と論じている[24]。

しかし、文化という帰納的なアイデンティティ規範は、成長し経験を積む過程で体得するものであって、自然に得られるものではない、個人や集団が意識的に認識、習得、醸成していかねばならないものである。だからこそ、日本とラテンアメリカの日系ディアスポラの間に国境を超えた「国家・国民の関係」を築こうとした伝統主義者たちは、現地で真性日本人教育を行う事が必須と考えたのではないか。

戦前、南米の日系人コミュニティでは、母国政府指導のもと、成人・子供を対象に民族的「教化」運動が実践された。それは南米各地に散在する同胞を精神世界で祖国に帰属させ、帝国の一員として国家に再統合する皇民教育政策だった。日本国外で生まれ育った日系人二世、三世は数千年の歴史を誇る日本の伝統や天皇・国体の本義を理解しない、もしくは、「第二世等カ兎角覇気ニ乏シク稍モスレバ放縦、怠惰ニ流レ勝ナル傾向アル」（文部省役人の言）と映っていた[25]。そして、真性日本人に教化するには、本国同様の、またはそれ以上の文化教育が不可欠だと考えられた。

日系人子弟の教化運動では、戦前、日本人の道徳教育の教典「教育勅語」が活用された。ブラジルでは、現地大使館や日本人会を介して、勅語のコピーが各地の日系人家族に配布された。例えば、日本人移民史研究家藤崎康夫は、一九七〇年代、サンパウロ州奥地ペドロ・デ・トレドに在住していた日系人(沖縄出身)の家庭を訪れ、自宅に勅語のコピーと天皇の「御真影」を並べて飾るなど、戦前日本の皇民教育の影響の片鱗を目の当たりにした(26)。その日系人や近所の人たちは定期的に集まって勅語を読み合っていたという。「子供たちも、みなそらでいえる」と自慢の勅語だが、その内容は「在外同胞互ニ相倚リ　相扶ケ　私利ニハシラズ　克ク困難辛苦ニ耐へ　以テ日本精神ノ美ヲ保有セヨ」といった具合に南米風に脚色が施されていた(27)。

日系人への国粋主義《ネイティビスト》教育は児童・青年層に対しても行われた。一九三〇年代でブラジル国内には邦人小学校四二一校が存在し、教師八五三人が教鞭をとり、生徒約二万四〇〇〇人が通っていた(28)。日本政府はこれらの学校に教師を派遣し、「修身」などの日本文化や「国語」の教育にあたらせた。特に、修身は、教育勅語の本義をわかりやすく教え、日本人としてのエートスや矜持を体得させるための必須科目になっていた。一九三七年にバルガス政権がブラジル国内の外国語学校を禁止して以後も、日系人子弟への民族教育は秘密裡に続けられた。前述のサンパウロのコチア産業組合の敷地内に設けられた小学校では、「校庭の要所要所に見張りの生徒をおき、警察官がくると、すぐ合図をし、教科書を隠し」たりの工夫をしながら、大和教育が秘かに行われた(29)。

大都市から遠く離れたブラジル奥地のアマゾナス州では、戦前、上塚司が建てたアマゾニア産業研究所敷地内で国士舘学校付属校が運営されていた。ここでもスパルタ式の日本人教育が行われた。文部省の役人で農業研究者だった松井謙吉は、一九三〇年代に同校を訪問し、国士舘学校での皇民教育の理念や実践を見学して、『国士舘高拓便り』の中の「学校には一人の小使、一人の事務員が《ママ》居ない、教授と学生とが一体となつて働くのである。本校には夏休暇がない、他の学校の学生達が二ケ月も休暇してゐる時本校学生は炎天下に労働しつゝ夏を過ごすのである。大アマゾニア開発の先駆者は斯くして養成されつゝある」という文章に感激している[30]。

松井の目には、教育もしつけも行き届いた国士舘の学生は、地元日系人社会にとって模範的存在であり、彼らの農業知識や肉体の強靱さや精神力は、母国日本の誇りと映っていた。さらに、「どこまでも此精神で以て鍛上げた人間でなかつたならば、国家の為に大事をなすことは出来ないと信じます」との所見にもあるように、民族主義的見地からすると、南米での日本人の発展において重要なのは、知識や技術、肉体的強さ――これらの要素はしばしば西洋文明と関連づけて考えられていた――よりも、精神の強さや心の純粋さだった。日系人一人ひとりが自立心、向上心、愛国心を持ち、「日本国民」という共通のアイデンティティのもとに結集してこそ、開拓移民は辺境地を克服し、殖産し、母国の海外発展に貢献できる。過酷な自然条件や社会的孤立状態の下にあって、精神世界こそが唯一確かで無限だと信じ、日系人にもそう信じさせようとしたのだろう。

日系ディアスポラが祖国への忠誠心や愛国心を内面に育むだけでなく、具体的な行動で示すということも「真性化」のための大切なプロセスだった。今でも日本で緊急事態が生じた場合に、義援

図 10-2　巡回日本語授業の様子(『在伯日本移民歴史調査写真帖』国立国会図書館蔵)

金や寄付金、支援物資を送る報国活動が南米日系人のあいだで活発になる。それは一九三〇年代、日本に軍靴の音が高鳴り国内が緊張ムードに包まれていった時局にも通じていた[31]。

一九二三年関東大震災直後、ペルーの日本人中央会は、首都圏の震災被災者を見舞って義援金一八万円と慰問袋(二万円相当)を送っている。日本にとっては少額だろうが、当時の南米移民の経済レベルからすればありったけの心付けだった。遠い祖国の同胞の苦境に同情し、それを物品で伝えることは、母国と一体化するための重要な「儀式」でもあった。

日本国内で「国防献金」キャンペーンが本格化した一九三一年以降、南米での報国運動にも拍車がかかる。海外に出兵した皇軍兵士を盛りたてようとするこのキャンペーンに、海外の日系人社会も参加した。日中戦争が勃発した三七年には、ラテンアメリカ各地の日系人団体から献金が寄せられ、総額は一五万一〇〇〇円を数えた。母国の国難のニュースは現地日本人会を通じて南米に散らばっている日系人たちに伝搬され、小口献金は日本人会地方支部で集金され、中央会へ、そして本国へと送られたのだった。

サンパウロ市の「ブラジル日本移民史料館」には、当時の在伯邦人の報国活動に対する日本政府の感謝状(広田弘毅や東条英機の署名入り)が展示されている。南米の日系人たちがとりわけ奉納したがった「品」は、内地と同様、軍用機だった。祖国に軍用機を送ろうとの朝日新聞の呼びかけには、ブラジル国内の日系人から二万八三七八円も寄せられた。[32] ペルーでも同様の運動があったが、両国とも反日ナショナリズムの嵐が吹き荒れていた最中であり、大変に危険な愛国活動だった。日系ディアスポラが身の危険を冒してまで「遠隔ナショナリズム」に駆り立てられたのはなぜか。

一九三二年の岩手大地震に際し、サンパウロ・バストス地区の「ブラ拓」組合の代表者宮坂国人は、被災者への見舞金に添えて、「丁度親の膝下にあつて恩愛に育まれた児が社会に踏み出して初めて親の高恩を痛感するのと同じもので御座いませう。〔中略〕開拓に着手致しましてから古きも三年新しきは一年と云ふ有様ですから、到底十分なことは出来ませんけれど貧者の灯す一燈が富者の萬燈より輝くとの古諺に励まされてここに伯貨参百五拾ミルレースを御送りし〔後略〕」という内容の手紙を送っている。[33]

祖国の同胞が困窮しているときに寄付金を送るのは、親孝行、「子」としての当然の義務であるとの非常に謙虚な態度がうかがえる。日系人の個人的及び団体的思考に浸透した忠君愛国の精神がこのようなところにも表れている。

一方、祖国に帰還したいという日系人〔特に一世〕の夢は、それが叶わなかった時、彼らの中に疎外感・絶望感を募らせ、「自分たちは母国政府に棄てられたのではないか」という疑念を抱かせた。

帰郷したいという移民たちの思いを母国の日本政府が非愛国的であるとして自粛を求めることさえあった。一九三六年、在伯日本人会のバウル支部が開いた会議に同席した原口七郎領事代理は、在伯同胞の国民としての義務は、あくまで現地に残って未開地を開拓し、日本人植民地を増やすことにある、と伝達した。同支部はこれを受けて「最近の帰国者激増に鑑み、在伯同胞の使命に付、猛省を促したる」決議を採択した[34]。

確かに、戦前の日本には海外移民を否定的に見る傾向があった。「元年者」を始めとする初期移民に始まり、移民はことあるごとに「社会の落後者」「貧乏人」「ならず者」などの烙印を押されてきた。特に、戦前、兵役逃れに移民した者は逃亡者や非国民として白眼視され、「罪のつぐない（出国時の財産没収）」が要求されることもあった[35]。

こうした「世間＝日本社会」の冷たいまなざしや、祖国を離れた後ろめたさを払拭したいという思いは、ついに移民たちを熱狂的愛国主義に駆り立てていく。遠く離れた南米の地にあっても日本人としての矜持を失わず、というより、何が日本人たるかを想像・習得し、本邦に負けぬ立派な「日本」を海外に建設してみせる。こうした「藍より青く」の精神こそ、日本からの疎外感や在外人としての劣等感を克服する手立てだったのではないか。

藍より青くあろうとする日系人の矜持は、内地の南米移民推進者たちに大いに歓迎された。神戸商業大学移植民研究室でブラジル移民政策研究を行った金田近二は、「海外に発展し得る新天地を有すると云ふ事は、国民にその民族力に対する自身と希望とを与へる」と、自立心と向上心にあふれた移民は日本社会のお手本だと称賛した[36]。また、農学者で文部省学官の松井謙吉も、国士舘学校でのスパルタ教育（前述）を見学した際、本邦の心を打つような、日本人の美徳を備えた青年たちが育成されていると満足している。

しかし、真性日本人を目指す日系ディアスポラの愛国主義は、大日本帝国の瓦解と共に迷走し、同胞同士の粛清へと繋がっていく。

狂奔する遠隔ナショナリズム

一九四五年八月一四日、「日本降伏」のニュースが南米の日系人社会に飛び込んで来た。日本大使館が閉鎖され、日本語メディアも禁止されていたブラジルの日系人たちは「敗戦」という信じがたいニュースの事実確認ができず、一時パニックに陥った(37)。戦中は敵国人の汚名を着せられ逆境を耐え忍んできた彼らには、大日本帝国の突然の瓦解が簡単には信じられず、様々な憶測が錯綜する中、これは敵国によるでっちあげに違いないとの否定論まで出てきた(38)。

しかし、当初は「敗戦を抱きしめ」られずにいた日系人社会も、日本からの公式の情報が少しずつ入ってくるようになると冷静さを取り戻し、事実＝敗戦を素直に受け入れる者が増えていった(彼らは「認識派」もしくは「負け組」と呼ばれた)。その一方で、日本の敗戦を認めず、逆に「負け組」を国賊として糾弾・迫害しようとする熱狂的過激派集団(「勝ち組」)も現れた。

ブラジル国内の勝ち組運動の中心となったのが、「臣道連盟」という極右団体である。天皇と国体を崇拝し、「聖戦」を戦い抜こうとするこの組織は、吉川順治(元陸軍中佐)、山岸弘伯(元憲兵隊将校で、五・一五事件に関与)、山内清雄(元陸軍大尉、日露戦争従軍)、根来良太郎(元台湾総督府の官吏)などが主要メンバーとして名を連ねていた。日露戦争や第一次大戦の後、南米に移住した退役軍人は少なくないが、吉川らも生粋の帝国軍人であり、筋金入りの国体支持者だった。彼らは過激な勧誘方法で支持者を増やし、ブラジル国内の「勝ち組」は一〇万人にも及んだ。

一九四六年三月七日、日系人実業家溝部幾太が何者かに銃殺されたのを発端に、『日伯新聞』元編集長の野村忠太郎、元アルゼンチン大使古谷重綱など現地の有力者で「負け組」の人々が次々に暗殺された。臣道連盟のメンバーによる連続殺人テロであった。以後も勝ち組、負け組双方による暴力は続き、ブラジル日系人社会はあたかも内戦状態に陥ったかのようだった。

日系人同士の「身内殺し」を知った日本の吉田茂外相は、現地のスウェーデン公使館を通じて、「伯国に於ける日本人にあっては外国に流布さるゝ無責任の流言蜚語に惑わされず隠忍自重し、(中略)而して在伯日本人は平穏に生活し各々其の生業に全力をつくし、以て其の養国たる「ブラジル」の繁栄に寄与されることを念とせられたし」との電信を日系人代表宛てに送り自粛を求めた。[39]

抗争は一年以上続き、死者は二三名、負傷者は約一五〇名にのぼった。泥沼化する抗争に終止符を打つべく、エウリシオ・ドゥートラ大統領が直接介入に乗り出した。ドゥートラ大統領は一連の暴力行為の大半の責任は勝ち組にあるとして、一九四七年、大統領令を発して主犯格の一斉検挙に踏み切った。また、勝ち組の「歩兵」を割り出すため、キリシタン弾圧の踏み絵さながらの「異端尋問」を行った。踏み絵＝日本の降伏を信じるか否かという質問に答えさせた上で、約五〇〇名の勝ち組を逮捕、内八〇名を国外追放処分にした。[40]熱狂的ナショナリストの彼らは追放処分に臆することなく、これで日本に帰郷できると逆に歓喜してみせた。しかし八〇名が移送された先は、日本ではなく大西洋のアンシエッタ島刑務所だった。

日系人同士の粛清事件はこうして収拾に向かったが、勝ち組・負け組事件がブラジルの日系人社会に残した禍根は大きかった。勝ち組派の多くは「日本は戦争に負けていない」という信念を捨てず、日系人社会とは隔絶した生活を送るようになった。日系人社会全体も日本の敗戦や勝ち組・負け組事件については一切口を閉ざし、暗い記憶を忘れることで平穏を取り戻そうとした。そして、日系人同士の流血事件を目の当たりにしたブラジル社会は、日本人に対する恐怖心を募らせ、日本人移民の再開についても態度を硬化させていった(41)。

戦後日本の国際平和主義に貢献する南米移民

勝ち組・負け組事件の根源にあった遠隔ナショナリズムは、戦前日本の拡張的帝国主義の産物であったとは言え、それが日本の手にも負えぬ怪物と化して勝手に暴れまわり、戦後の日伯関係や日本人移民に悪影響を及ぼすことを日本政府は憂慮した。

一九五五年七月六日の衆議院外交委員会に於いて、園田直は、戦前移民は移住先の社会や文化に同化することができず（またはしようとせず）、結果として勝ち組事件にみられるような狂信的ナショナリズムを生んでしまった、と戦前の移民のあり方を峻厳と批判した(42)。一方、戦前の日本が移民政策において民族ナショナリズムを強調したのは大きな過ちであり、戦後日本は同じ過ちをけっして繰り返さない、と同時に、それらは（勝ち組事件も含めて）過去に起きた不幸なできごとであり、戦後の移民は新たな視野に立ち新たな形で行われていくのだという外交の覚悟を世界に誓った。

国際社会に復帰する上で、新生日本は平和主義・人道主義を希求し、世界平和と繁栄に貢献していくことを約束した。そして、日本の技術や資本や労働力を国際貢献の場で惜しみなく活用していく所存だった。こうした建設的でポジティブなイメージこそ、戦後の国際移民に投影され、実践されねばならなかった。これは、一九四九年の人口問題に関する国会決議にも明文化されている(43)。

過去におけるわが国の移民には相当欠点があったことに対し深く反省を加え、日本国民が今後は真に世界に歓迎せられ、且つ世界の福祉増進に寄与することの出来るような移民たり得るよう、国民みずから準備をし努力することが必要である。このことは取りも直さず日本国民が文化の高い平和的な民主国民となることに精進することと一致するものと確信する。

移民政策が再開された当時の外務大臣重光葵も「戦後の移民は国際貢献・平和の象徴としての〝平和移民〟だから、途上国を開発できるような開拓移民をやらせる。第二次大戦による他国の日本への猜疑心を払拭するためにも、これは「侵略移民」でなく「平和移民」であることを証明せねばならぬ」と説いている(一九五五年六月二九日、於参議院内閣委員会(44))。

しかし、ここにはひとつの重大な欠落がある。「国際貢献としての南米移民」という崇高な理念とは裏腹の移住者の福利や人権への配慮の欠落である。国民を豊かにする手段として開始された海外移住が、いつの間にか国際社会における日本の国威発揚という別の使命を帯び、政策推進者によって反芻されるうちに、それがあたかも本来の目的であるかのように独り歩きしていった。実際の移民行政でも、国益と国民の権利が天秤にかけられるような場面では、移民の尊厳や人権を軽視・否定するようなケースが繰り返された。歪んだ移民行政が生んだ悲劇は既述した通りである。

実際、日本の国益・国威発揚のためには、多少の我慢や犠牲はいたしかたなしとするような発言や態度が日本政府の対応や発言に散見される。例えば、一九五〇年代から六〇年代にドミニカ共和国に渡った移住者が入植に失敗して帰国や再移住を日本大使館に嘆願した際、大使館や海協連のスタッフは移住者の「敗北」を快しとはしなかった。「勤勉」「忍耐」「自立」のモットーを徹底させるよう指導し、移住不可能な状況下にある人々に対しては、「石は三年もすれば砕けて肥料になる」などの非科学的で精神主義的な叱咤激励がとばされた(45)。生活・人生を立て直すために不退転の覚悟で海外移住し、その先で日本の援助外交の代理人として、経済開発に犠牲を払い、母国や世界に貢献しなくてはならないなど、移民たちは知る由もなかった。

「貧しき」西洋を征服する

南米に土地を獲得し、そこに自国民を開拓移民として入植させ、彼らの経済・社会・政治活動を本国の国益に沿うように管理指導する——南米での移植民事業は、果たして日本の拡張主義的野望を担っていたのだろうか。ディアスポラ社会という形で南米諸国内に形成される「小日本」を日本はどのように考えていたのだろうか。

戦前・戦後期とも、移民を推進した行政官や思想家たちは、南米諸国の主権国家の領土を侵食して日本の主権を主張するような意味合いの、むき出しの植民地主義的修辞法は用いていない。代わりに、戦前では「(日本や邦人の)海外発展」、戦後では「国際貢献」という凡庸で曖昧な表現が頻繁に使われていた。また、軍国主義の色濃い戦前でさえ、移植民事業は平和主義・世界市民主義に基づくものであり他国の主権侵害や侵略はありえないと繰り返し強調した。世界、特に日本の膨張主義に対する欧米の不信感を払拭しようとしたのだろう。一九三四年一二月、拓務省拓務局局長の高山三平は東京中央放送局の「移植民講座」放送の中で、「移植民は本来侵略的の事業では無く他国の主権のある處に其の承認の下に行はれる平和事業であります」と、日本の真意を弁護している。(46)

しかし、移民受入国側は日本のこうした言い訳を鵜呑みにはしなかった。むしろ、北東アジアで展開されている日本の帝国主義政策を指摘し、南米での移植民活動もひそかに西半球に影響圏を拡大しようする日本の陰謀の隠蔽に他ならないと警戒した。ブラジルの排日派ミゲール・コウト博士は、アマゾン地帯に日系人移民や日系ビジネスが進出している事例を取り上げ、「恐るべし日本の帝国主義」と、警鐘を鳴らした。(47)「〔日本が取得した〕コンセッションの地域が広大に過ぎる」、「国防上の見地よりするも危険なり」とし、国内での日本の移植民事業は「ブラジルの満州化」の第一段階だと警告した。国内の主要メディアもこれに同調する論陣を張った。

ペルー政府はさらに反日的で、日本がラテンアメリカに軍事進出を目論んでいるとの陰謀説を近隣諸国に喧伝した。日本がパナマ運河付近に海軍基地を建設する計画を持っていると断定し、これは南米大陸の西海岸地域を包囲して地域の資源を独占し、地域におけるアメリカの覇権に対抗する目論みであると、一九三四年及び三五年、数度にわたってアメリカ政府に忠言している。アメリカは、ペルーからの情報は事実確認不可能だとの理由で公式には取り上げなかった(一九三八年時点)が、その一方で、在ペルー大使フレッド・ディーリングは「火のない所に煙は立たない」のだから、南米における日本の動きを監視するよう本国政府に促している。(48)

南米諸国のこうした不信感を払拭しようと、日本は、移民による辺境地開拓に込めた普遍的価値観を強調した。アマゾン熱帯雨林を始めとする未開発地域を日本人の手で開拓し、そこに農業や産業を興し地域の天然資源を有効に活用する、そうすれば、日本のみならず南米にも繁栄と幸福がもたらされる。前出の高山（拓務省官僚）によれば、これこそ「共存共栄」の理念であり、日本に課せられた「民族的責務」だった(49)。また、一九三六年に拓務省が主催した「移植民講習会」の場で、拓務次官堀切善次郎は、「天然資源を開発して其処に色々な生産をするといふ事は広く全人類の為に貢献する次第である」と開陳している(50)。日本と南米諸国が協力してアマゾンや辺境地の開拓・開発に取り組むことは、究極的に「世界文明の発展」に貢献することに他ならない。日本と南米諸国がこの普遍的価値観を共有し、とりわけ先進国日本が資本・労働・技術を駆使して地域開発を主導することは国際的道義だというのである。これは、アジアにおける「大東亜共栄圏」構想がそうであったように、対外進出という国益を開発途上地域への援助や世界の繁栄という大義名文と摺り合わせることで帝国主義的本質を中和しようとする論法である。

戦後日本の移民政策は、国際貢献という新しい出で立ちで出発した。占領期、移住再開に向けた外交努力をする中で、南米の自然を開拓できるのは日本人をおいて他にはいないことを国際社会にアピールした。占領期以後の日米文化関係を研究したユキコ・コシロによれば、新生日本は「白人国家（欧米諸国）の代行人」として未開地を開墾し、殖産し、市場を育てることで途上国経済の発展を支援しようとしていた。この努力は資本主義市場経済の安定・拡大をもたらし、世界共産主義を封じ込めることにも役立つ。日本の「国際貢献としての移民政策」は、当時の冷戦構造の脈絡に鑑みて、アメリカの地政学的利益と適合する、西側陣営との協調外交という側面を兼ね備えていた(51)。こうした国際（すなわち、西側の資本主義陣営）協力への誓いが、南米の移民受入国やアメリカ占領軍に歓迎され、移民再開へと繋がったことはすでに見た通りである。

戦争体験が日本の対欧米姿勢を変化させ、それが移民政策の修辞法にも変更を促したのとは対照的に、日本のラテンアメリカ観は戦前も戦後も不変だった。戦前の南米移民推進者たちの言説には、ラテンアメリカの社会や人々に関しては「独立心なく蓄財の念なく」、「低級なる技術しか理解し得ない」、「人なつっこいが怠惰なラテン民族」といった人種・民族差別的表現が散見できる。[52] アメリカの大学でリベラルアーツを学んだ新渡戸稲造でさえ、「文明の程度やや劣等なる南米、南亜もしくは開明の度我に如かざる満韓において、わが民族および権力の増出するに見るに至らん」(「日本移民論」)と低開発社会への偏見・蔑視を隠さなかった。[53] 東京日日新聞の岡実も「中央アメリカから南アメリカにかけたラテン系諸国」は「色々の関係に於て非常に劣等」だからヨーロッパからの移民が北米に比べて少ないのだと言っている。[54] そして戦後の一九六〇年、総理府が実施した海外移住に関するアンケート調査でも、否定的で偏見に満ちたラテンアメリカ観が伺える。アンケート回答者の大多数がブラジルを「遅れている」「非文明的」と見、ブラジルへの移民は好ましくないと回答している。[55] 六〇年といえば、日本は高度経済成長の段階に入っており、先進文明国としての自負も育っていた。その自信に満ちた日本が経済の停滞と政治不安に苛まれ続けるラテンアメリカを救いようのない後発的社会だと見下していたとしてもあまり驚くべきことではないかもしれない。

南米移民政策推進者たちが示した先入観をいうならば、彼らが後進経済の開発に携わる移住者には日本国内の「後進部分」からの人々が好適だという見方をもっていたことも指摘しておかねばならない。それは、戦前では農民や被差別部落民であり、戦後では炭鉱労働者や引揚者だった。また、政府系融和機関紙『融和時報』は、「〔ブラジルは〕気候モ我ガ四国九州地方ト大差ガナイト言エバ日本民族発展ノ好適地デアルト言フテ誤リハアルマイ」と、四国・九州地方の被差別部落民の南米の風土への生理学的適応性を説いている(56)。このような非科学的理由で日本国内とラテンアメリカの二つの後進性を恰好の組み合わせとみなす態度には、他者(特に弱者)に対する蔑みが滲み出ている(南米移民とは対照的に、戦前の日本では、被差別部落出身者のアメリカ本土への移住に反対していたことが記録されている。被差別部落民が文明国家アメリカに大量に移住することは、日本の恥部を西洋世界に曝け出すことになり、日本のイメージを害するという理由からだったという説もある(57))。

では、後進的と見下すラテンアメリカに敢えて取り組むことに日本はどのような意義を見出していたのだろうか。ラテンアメリカは地理的にも西半球に属し、植民地時代にはスペイン、ポルトガルなど西欧の影響を強く受け、多人種社会ではありながらもクリオーリョ(白人)を支配階級とする。経済発展レベルが低く政治が不安定ではあるが、西洋世界の一部であり、一九世紀初頭に独立を果たした、確立された主権国家諸国なのである。その「西洋」に日本が国を挙げて挑むのにはそれなりの深謀遠慮があったのではないか。

戦前の日本の対南米移植民政策の意図を探る上で、上塚司(前出・熊本県出身代議士でアマゾニア産業研究所所長)の次の所見は示唆を与えてくれる。上塚は拓務省・文部省共催による移植民教育の講習会で、「〔アマゾンが〕欧米白人種の手に依つて開かる丶ことなく、今日に残されたと云ふことは、正に天が我が大和民族をして将来大いに世界的に雄飛せしめるが為に特に残して置いたもの(中略)。

過去幾世紀の間に亘つて欧米白人種は、幾十度か此処に向つて探検隊又は学者を派遣し、研究調査し又計画を樹てたのでありますが一つも成功致しません」とアマゾン開拓事業の意義について説明している。[58] 長年にわたって西洋文明がその英知を結集しても征服・開発しきれなかったアマゾンは、ラテンアメリカの後進性の表象であると同時に可能性の象徴でもあった。そのアマゾンがいまだ手つかずになっているのは「天が我が大和民族に（中略）残して置いた」からだと理解し、地域進出を日本の所与の運命と位置づけている。一九世紀のアメリカが北米開拓を天賦の義務と考えた「自明の運命論（manifest destiny）」を連想させる宿命論である。さらに、西洋は利己主義・物質主義に支配された社会で、精神主義を重んじ温情あふれ道徳心の強い日本社会とは相容れず、劣っていると も説明している。アマゾンが希求しているのは技術や科学には長けても貪欲な西洋ではなく、勤勉で賢く強靱な精神を持つ日本人なのだ。日本の真髄に触れ、日本人の精神力で開発開化されたとき、アマゾンは数世紀に及ぶ西洋の支配からようやく解放されることになる。「大アマゾニアの天地は初めて世界の楽土、世界文明の中心と化する事が出来る」[59]と。

西洋と日本の差異を「物質主義対精神主義」の対立と捉え、日本はアマゾンを開拓することで地域とそこに生活する人々（特にインディオなどの非白人種）を西洋植民地主義から解放する。この、解放の道義を装った支配の言説が、大東亜共栄圏で繰り返されたことは改めて指摘するまでもない。[60] また、日本人移植民が現地の人々と「共存共栄」し「地上の楽土」を実現するというビジョンも、「五族協和」の美名のもとに多民族社会の支配を目指した満州政策と共鳴している。

さらに指摘したいのは、高山や上塚の「解放の理論」にはアマゾン地域を法的に領有するブラジル、ペルー、ボリビアなど主権国家への尊重の念が欠落している点である。開発競争の「腕比べ」の相手として、当事者であるはずの南米諸国が言及されることは欧米に比べると明らかに少ない。あるとしても、南米の開発能力や意志の欠如といった一方的で主観的な批判が圧倒的である。(61) 論者の南米への関心のほとんどは自然や地理といった客観的状況だけで、現地の政府や制度、法律、社会（ましてやアマゾンに住む先住民族の存在）といった「主体」については語られていない。日本政府は自国民が南米に移住・入植した後も、在外公館や日系人会を通して、個人や家族、コミュニティを「日本人」として管理し、日常や社会活動に影響を与え、日本への愛国心を鼓舞はしても、受入国社会との真の意味での共存や融合などは目指されなかったのは、すでに見た通りだ。これは、南米諸国の国力や可能性を過小評価していたからだろうが、それ以上に、より深層の部分で欧米に対して痛烈な対抗意識を抱くあまり、南米を「文明競争の場《アリーナ》」――後進地開拓で日本の偉業や優越性を誇示する場――に対象化（objectify）していたからではないか。

「南米の対象化」は、戦後日本のラテンアメリカ外交でも繰り返される。敗戦し、国際移民レジームから締め出されていた日本に最初に移民の窓を開いたのは南米・カリブ海の国々だった。日本政府はこれら受入国に対し感謝の意を表し、移民を後発地域開発に貢献させると約束した。しかし、実際の移民事業は日本の利益に誘導されたものだった。ブラジルの「セラード計画」に代表されるような、日本の資源ニーズと直結する場面では大型ODAを投入して日系人開拓者を積極的に支援した。さらに言うならば、日本が対南米移民政策に託した「平和主義」や「国際協力」の理念も、冷戦時の文脈では「西側陣営への協力」に他ならなかった。「西側陣営」とはもちろん欧米のことであり、ラテンアメリカ――しばしば「アメリカの裏庭」と揶揄される――は西半球における反共の前哨地点として矮小的に捉えられていた。移民を動員した開発協力にしても、本質的に途上国開発で資本主義経済を強化し、共産主義を封じ込めようとする欧米の資本主義に基づく「近代化」政策の一翼をになっていた。そして、西側先進国の一員に加わろうとする日本は、「白人国家の代理人」としてラテンアメリカという「場」を借りて、欧米の近代化政策を代行したことになる。(62) 相手国がたとえドミニカやパラグアイのような独裁政権で、「普遍的平和」の理念に反していたとしても、欧米の信認を得た反共の砦である限り、問題とはならなかった（一九七〇年代日本のODAや直接投資の主要対象国は、ブラジル、アルゼンチン、ペルーなどの軍事独裁政権だった）。日本の主眼はあくまで欧米に置かれていたのだから。

二〇世紀初頭より様々な国際問題や困難を乗り越えつつ推進されてきた日本人南米移植民事業。それは、「日米」や「日欧」という日本外交の主軸を超えた、ラテンアメリカ諸国との新しい国際関係を構築する礎石にも成り得たはずである。しかし、欧米偏重思考に捕われたままの日本は、ラテンアメリカ諸国を国際関係における同等のパートナーとして尊重し、互助互恵的関係を模索するような真摯な態度を示すことはなかった。帰結するところ、日本の移民政策の矛先は「貧しき西洋＝ラテンアメリカ」を貫通して「強き西洋＝欧米」に向けられ続けたのだった。

終章

本書では、これまであまり語られなかった日本人の南米移民の歴史を、国家事業として移民を推進した日本の国家を中心に据えて、近代日本政治史・政策論の切り口から考察してきた。戦前及び戦後期の移民政策に込められた政治目的や理念、移住事業の実態、日本と移民の超領土的関係を検証・分析することで、「国家建設のための南米移民」というひとつの命題を提示した。

本書を結ぶにあたり、南米移民政策の「その後」について触れておきたいと思う。

一九七〇年代初頭まで移民「送出国」だった日本が移民「受入国」に転身したのは一九八〇年代後半のことである。ときはバブル経済絶頂期。社会が未曽有の投資・消費ブームに沸くなか、建設・製造・サービス部門などでは、いわゆる「3K（きつい、汚い、危険）」の労働を担う人口が不足していた。そこに、ペルー人やブラジル人が出稼ぎ労働を目的にやって来たのである。

これらの南米「デカセギ」労働者のほとんどは日本人を先祖に持つ日系人二、三世で、特別に「在留資格」を有する「定住外国人」として入国し、自動車産業や機械産業の製造・部品組み立て工場に契約社員として雇用された。その後、日本国内の日系人労働者とその家族は急増し、最盛期の二〇〇七年には、日系ブラジル人だけで三〇万人に達した。これは、戦前・戦後の南米移民合計数にほぼ匹敵する。大泉市(群馬県)や大和市(神奈川県)、浜松市(静岡県)、名古屋市港区など、それまで外国人居住者があまりいなかった中規模都市が、多様な言語・文化をもった「ニューカマー」たちを迎え、国際都市に変貌した。

当時、強い円や豊かな経済に魅せられて、日本での就労を希望していた外国人は世界中にいただろうに、日本の移民政策はなぜ南米の日系人をあえて「外国人労働者」として最恵待遇したのか。日本語を解し教育レベルも高いゲストワーカーということであれば、バングラデシュ人や中国人などもいた。また、「国際協力・開発援助(つまり、外国人労働者に日本で労働することを許可し、彼らが外貨=円を稼ぎ、技術・ノウハウを取得し、それを母国に持ち帰って地元の経済発展に生かすという相乗効果を狙うこと)」という援助目的ならば、南米以外の開発途上国でもよかったはずである。それでも日本政府があえて南米日系人を選んだのは、彼らの祖先が日本人だという血統上あるいは文化的理由からだろう。

日本社会は一九八〇年代以後、急速に「国際化」していった。ヒトや企業が観光・留学・直接投資の形で海外進出する、外に向けての「国際化」を日本は大いに歓迎した。それに対し、国内の「過度の」国際化——非欧米人人口や不法就労外国人の急増——には警戒心を強めた。外国人がらみの犯罪事件はとりわけ大々的に報道され、移民排斥主義者たちは、日本が世界でも屈指の安全社会であるのは、単一民族性・単一文化性を保っているからだとして、これ以上の「内なる国際化」

は社会の安定と調和を脅かすとまことしやかに唱えた（日本が古来より単一民族国家であるとする「神話」は近年ようやく崩されてきたが、それでも日本の保守主義者の間では根強いようである）。

「移民性悪説」のような極論ではないにせよ、不特定多数の国から外国人が大量に入ってくることで、風紀・治安が乱れることは政府の懸念でもあった。労働力を外国に求めざるをえない経済の現実と、社会が多民族化され調和が乱れることへの恐怖。このジレンマの解消策として、国籍こそ違え、日本人を直近の祖先とする、生物学的「近縁度」が高い南米日系人に白羽の矢が立ったのは想像に難くない。たとえ日本語を解さず日本の歴史の知識に乏しくても、日本通のバングラデシュ人や中国人よりも好まれたのは、血縁的近縁性のゆえだったろう。言語や文化といった後天的特性——以下に述べるように、後天的特性も「真正日本人」を形成する重要な要素とみなされているのだが——は、すくなくとも日系人労働者導入が決定した時点では問題視されなかったようだ。

しかし、日系人ニューカマーの人口が増え、家族やコミュニティが形成されるに従い、言語、生活習慣、社会マナー、価値観などの違いから、仕事場や生活の場で日本人との間に誤解や軋轢を生んだ。見た目は同じなのに行動規範やふるまいがどこか「日本人らしくない」日系人に雇用主や地元の人々は当惑し、幻滅した。日本人のこうした一方的な期待や幻滅は日系人の心を傷つけもした。ある日系ブラジル人青年は、「日本人と認めてもらうには、日本人らしい顔をしているとか、ハシでものが食べられるといったことだけでは不十分で、日本人のように考え、ふるまい、話さなければいけない」のだと、日本社会に溶け込むことの難しさを吐露している[1]。

日系人の在留期間が長期化するに従い、社会保障・教育・医療・福祉面でのニーズも出てきた。

これは、彼らが単なる「労働力」でなく「人間」として日本で生活していくのに必要最低限のサービスであり、人道的見地からも生存権の保障として国籍を問わず行使されるべき権利である。しかし、政府は定住外国人の生活に関わる行政を自治体や民間団体に任せる放任主義に甘んじてきた(2)。政府が日系人という「定住外国人」に対し、長期的見地に立った法律・行政制度の整備を渋るのは、日系人が日本に帰化しない以上、いずれは帰国すると想定しているためと思われる(これは「在日」コリアンに対する姿勢とも共通している)。一方、財政赤字に苦しむ自治体では、手の行き届いたケアがますます困難になっている(3)。

そして、二〇〇八年に起きたリーマンショックによる大不況の中、「雇い止め」「派遣切り」の嵐は、日系人たちの生活をいっそう困難なものにした。非正規従業員として雇われていた日系人は再就職先が見つからず、住居・医療・福祉の安全弁を失い、日系人の子供たちが学校や外国語学校にも通えないケースが相次いだ。前国連人権高等弁務官ナビ・ピライ氏は、二〇〇九年二月、世界中に広がっている経済・金融危機の中、とりわけ社会的弱者がその犠牲になっている事態を危惧し、難民・子供・女性とともに外国人労働者にも十分な配慮とケアをするよう、先進国に促す声明を発表した(4)。南米から日系人を呼び寄せた当事者である日本政府は、国際社会のこうした呼びかけにどう応対していくのだろうか。同年、厚生労働省は国内の日系人に対し、母国への帰国を支援する「日系人帰国支援金」制度を実施した。一人あたり三〇万円(扶養家族は二〇万円)を受け取る代わりに、「三年間は日系人として(定住資格で)日本に再入国できない」ことを条件としたこの制度の下、約二万人が帰国した。

最後に、本書で見た対南米移民政策から掬する教訓について述べておきたい。日本の近代化の歴史の中で、国家＝state は圧倒的な行為者として社会を統治してきた。国家は国民を「取り込むべき」人口と「排除すべき」人口に差別化し、後者を南米移民の形で海外に放出し、さらには、国境を超えて彼らを日本の支配下におこうと試みた。

どの政策にも影響や反動があるように、日本国内に形成された「もうひとつの日本＝日系人」も、日本が過去にとった移民政策の「落し児」である。国全体が経済不況に揺れるなか、日本在留を希望する（もしくは余儀なくされている）日系人の職・住居・福祉・教育の必要性を、日本という国はどのように認識し施策化していくのだろうか。今後も真剣な政策議論や研究が期待される。

日系人労働者とその家族の生存権を保障するため、日本の政府と社会が真剣に取り組んでいくことは、ひいては、法・行政・経済・社会・文化の面でいかに彼らを迎え入れるのかということであり、究極的には国家のあり方や枠組みが問われる根幹的問題である。日系人はその存在を通じて、国籍法や市民・政治権での排他主義とご都合主義的国際化のダブルスタンダードを決め込んできた日本に、真にリベラルで多文化主義的な国づくりをしていくよう、促しているのではないだろうか。

注

序章

（1）『グァタパラ新聞』三五六号、二〇〇四年。

（2）『朝日新聞』二〇〇四年九月一六日付。

（3）Stephen Castles and Mark J. Miller, *The Age of Migration: International Population Movements in the Modern World*. London: Macmillan Press, 1998.

（4）石川友紀『日本移民の地理学的研究――沖縄・広島・山口』榕樹書林、一九九七年。Yukiko Koshiro, *Trans-Pacific Racisms and the U.S. Occupation of Japan*. New York: Columbia University Press, 1999. Stephen Ide Thompson, "San Juan Yapacani: A Japanese Pioneer Colony in Eastern Bolivia." Ph.D. diss., Urbana-Champaign, University of Illinois at Urbana-Champaign, 1970.

（5）ハットンとウィリアムソンは、ヨーロッパからの移民の出身地の多様性もこれまで十分に研究されてこなかったと指摘している。Timothy J. Hatton and Jeffrey G. Williamson, *The Age of Mass Migration: Causes and Economic Impact*. New York: Oxford University Press, 1998, 15-16.

（6）Michael J. Piore, *Birds of Passage: Migrant Labor in Industrial Societies*. New York: Cambridge University Press, 1979.『八紘』三五号、一九三〇年、五頁。山田辰実『南米秘露〔ペルー〕と広島県人』広島県海外協会、一九三一年。

（7）Douglas S. Massey, Joaquin Arango, Graeme Hugo, Ali Kouaouci, Adela Pellegrino, J. Edward Taylor, *Worlds in Motion: Understanding International Migration at the End of the Millennium*. New York: Oxford University Press, 1998.

(8) Peter Kwong, *The New Chinatown*. New York: Hill and Wang, 1996. Joel Millman, *The Other American: How Immigrants Renew Our Country, Our Economy, and Our Values*. New York: Viking, 1997, 27-28. 両者ともエスニック共同体の成長の動力を生みだす空間を「ethnic enclave」という言葉で表現している。

(9) Anthony W. Marx, *Making Race and Nation: A Comparison of the United States, South Africa, and Brazil*. New York: Cambridge University Press, 1998.

(10) アリスティード・ゾルバーグは、国民を排除する移民政策(それが宥和的であろうと)を「ご都合主義的国外追放政策」と呼んだ。Aristide R. Zolberg, "The Formation of New States as a Refugee-Generating Process." *The Annals of the American Academy of Political and Social Science* 467 (May 1983).

(11) Joseph Schumpeter, *Imperialism and Social Classes*. Cleveland: Meridian Books, 1955. ルイーズ・ヤングは、シュンペーターの「社会帝国主義」概念を日本の満州政策の分析に応用し、満州植民地化政策は日本が経済・産業の矛盾を克服し国内を安定化するという国家統治の役割を果たしていたと論じている。Louise Young, *Japan's Total Empire: Manchuria and the Culture of Wartime Imperialism*. California: University of California Press, 1999.

(12) Daniel M. Masterson with Sayaka Funada-Classen, *The Japanese in Latin America*. Urubana and Chicago: University of Illinois Press, 2004, 119.

(13) Manolo Abella, "International Migration and Development." *Philippine Labor Migration*. Edited by Graziano Battistilla and A. Paganoni. Quezon City: Scalabrini Migration Center, 1992. Linda Basch, Nina Glick Schiller, and Cristina Szanton Blanc, *Nation Unbound: Transnational Projects, Postcolonial Predicaments, and Deterritorialized Nation-States*. New York: Gordon and Breach, 1994. Carlos Gutierrez Gonzalez, "Fostering Identities: Mexico's Relations with Its Diaspora." *The Journal of American History* 86.2 (September 1999).

(14) Rachel Sherman, "From State Introversion to State Extension in Mexico: Modes of Emigrant

Incorporation, 1900-1997." *Theory and Society* 28.6 (December 1999).

（15）戦前、日本がハワイやアメリカ西海岸にいる邦人を対象に愛国運動を展開したケースについては、John J. Stephan, *Hawaii Under the Rising Sun: Japan's Plans for Conquest After Pearl Harbor*. Honolulu: University of Hawaii Press, 1984. や Eiichiro Azuma, *Between Two Empires: Race, History, and Transnationalism in Japanese America*. Oxford and New York: Oxford University Press, 2005. が詳しい。

（16）Gabriel Sheffer, *Diaspora Politics: At Home Abroad*. Cambridge, UK: Cambridge University Press, 2003. Robin Cohen, "Diasporas and the Nation-State: From Victims to Challengers." *International Affairs* (Royal Institute of International Affairs) 72.3 (July 1996).

（17）Benedict Anderson, *Imagined Communities*. London: Verso, 1983.

（18）Gonzalez, "Fostering Identities".

（19）Azuma, *Between Two Empires*, 10, 171-183.

（20）Ryuji Mukae, *To Be of the World: Japan's Refugee Policy*. Fuccecchio, Italy: European Press Academic Publishing, 2001, 199-200.

第一章

（1）本研究の主題である「国策としての南米移民」の中心舞台が南米であったため、本書ではラテンアメリカ、カリブ海への移民を総じて「南米移民」と呼ぶことにする。しかし国策移民以前では（一九世紀後半から一九二〇年代前半まで）メキシコや中米への移民も多かったため、ここでは「ラテンアメリカ移民」と区別する。

（2）カリフォルニアでの日本人移民の平均年収は日本の同業者のそれの七・二五倍だった（一九〇九年当時）。鈴木譲二『日本人出稼ぎ移民』平凡社、一九九二年、九七頁。

（3）鈴木『日本人出稼ぎ移民』一〇四―一〇五頁。

（4）移民契約では日本への帰国費用は最初の二年間の労働期間を完了した者だけに支払われることが定めら

れていた。この条件に満たない労働者たちは農園から脱走してペルー国境を越えてボリビアに密入国し、当時活況だったゴム農園で再雇用された。今野敏彦・藤崎康夫編著『移民史Ⅰ 南米編』新泉社、一九八四年、二二一頁。

(5) 鈴木『日本人出稼ぎ移民』二二一―二二二頁。

(6) Mary Fukumoto, *Hacia un Nuevo Sol: Japoneses y Sus Descendientes en el Peru.* Lima: Asociacio Peruano Japonesa del Peru, 1997, 194-197.

(7) 外務省アメリカ局『昭和十二年度及び十三年度アメリカ局第二課関係執務報告』一九三七年、七一―七二頁。

(8) Daniel M. Masterson with Sayaka Funada-Classen, *The Japanese in Latin America.* Urubana and Chicago: University of Illinois Press, 2004, 71.

(9) 鈴木『日本人出稼ぎ移民』二二八頁。

(10) これに対し、オザリオ・チッカレリは世界システム論の視点から、ペルーが反日キャンペーンを展開した理由は、国内綿花産業の保護やナショナリズムではなく、対英関係を重視していたからだと説明している。つまり、ペルーは日本バッシングをすることで世界の繊維貿易で日本のライバルだったイギリスに取り入り、ペルー製品の対英輸出を拡大するねらいがあった。Orazio Ciccarelli, "Peru's Anti-Japanese Campaign in the 1930s: Economic Dependency and Abortive Nationalism." *Canadian Review of Studies in Nationalism* 5 (1981-2).

(11) http://www.indiana.edu/~league/1936.htm.

(12) Masterson, *The Japanese in Latin America,* 152. 当時、ペルーの国籍法は生地主義をとっており、帰化希望者に制限はつけていなかったが、日本人移民の大半は母国への帰国を希望してペルーには帰化していなかった。

(13) Masterson, *The Japanese in Latin America,* 152.

(14) Fukumoto, *Hacia un Nuevo Sol,* 236.

（15）Fukumoto, *Hacia un Nuevo Sol*, 522.
（16）在リマ日本領事から有田外務大臣宛て書簡（一九四〇年六月一九日付）『在外日本人会関係雑件内、リマ』。
（17）C. Harvey Gardiner, *Pawns in a Triangle of Hate: The Peruvian Japanese and the United States*. Seattle and London: University of Washington Press, 1981, 19.
（18）Seiichi Higashide, *Adios to Tears: The Memories of a Japanese-Peruvian Internee in U.S. Concentration Camps*. Seattle: University of Washington Press, 1993, 125.
（19）Masterson, *The Japanese in Latin America*, 122.
（20）ラテンアメリカからアメリカに強制送還された日本人及び日系人は合計で二一一八名に及んだ。Seiichi Higashide, *Adios to Tears*, 177. ラテンアメリカからの日系人強制送還に関してはヒガシデ以外では、Gardiner, *Pawns in a Triangle of Hate* や Masterson, *The Japanese in Latin America*. を参照。
（21）E. Bradford Burns, *A History of Brazil*. New York: Columbia University Press, 1980, 260.
（22）Burns, *A History of Brazil*, 260.
（23）鈴木『日本人出稼ぎ移民』一三五―一三六頁。
（24）鈴木『日本人出稼ぎ移民』一四四―一四五頁。
（25）広島市企画調整局文化担当編『海外移住――調査研究レポート』広島都市生活研究会、一九八五年、六四頁。
（26）鈴木『日本人出稼ぎ移民』一四七―一五〇頁。
（27）戦前の日本人移民のブラジルでの苦闘を自らの体験を通して記録した秀作に、半田知雄の『移民の生活の歴史――ブラジル日系人の歩んだ道』（サンパウロ人文科学研究所、一九七〇年）がある。
（28）今野・藤崎『移民史Ⅰ　南米編』四二頁。
（29）J・F・ノルマーノによれば、「一九二七年以降、その国〔イタリア〕では、国民の海外移住は「悪」とみなされている。というのも、ファシズムは人力こそ国力とモラールの重要要素だと信じているからだ。ムッソリーニの新しい移民法によって、イタリア人のブラジル移民は途絶えている。そしてその結果、ブラジルは労働市場を日本人移民に解放することとなった」。J. F. Normano, "Japanese Emigration to Brazil." *Pacific Affairs* 7.1 (March 1934), 55.

(30) 鈴木『日本人出稼ぎ移民』一六六―一六七頁。

(31) 鈴木『日本人出稼ぎ移民』一六八―一六九頁。マスターソンによれば、日本人の残留率は、スペイン人、ポルトガル人、イタリア人、ドイツ人などの他の移民に比べ群を抜いて高かったということだ。Masterson, *The Japanese in Latin America*, 52.

(32) 「移民情報雑纂――伯国の部」中の『大阪朝日新聞』記事「楽土が監獄に変わり――南米移民続々と帰る」(昭和五年五月一八日付)。

(33) 鈴木『日本人出稼ぎ移民』一六八頁。戦前、ブラジルに帰化した日本人の総数や帰化比率に関する包括的データは見当たらなかった。

(34) Masterson, *The Japanese in Latin America*, 131.

(35) 広島市企画調整局文化担当『海外移住』二四頁。

(36) Thomas Skidmore, *Politics in Brazil: An Experiment in Democracy*. New York: Oxford University Press, 1967, 45.

(37) Ruth Berins Collier and David Collier, *Shaping the Political Arena*. Princeton, N.J.: Princeton University Press, 1991, 355.

(38) 一七九〇年三月二六日移民帰化法。一七九八年、帰化資格はアフリカ系奴隷の子孫にも与えられた。一九五二年、移民帰化法が改定され(「ウォルター・マッキャラン法」一二月二四日発効)、人種・出生国による差別条項は撤廃された。以後、在米日系人の帰化が可能となった。今野敏彦・藤崎康夫編著『移民史Ⅲ 北米編』新泉社、一九八六年、三〇九―三一一頁。

(39) 今野・藤崎『移民史Ⅰ 南米編』九一―九二頁。

(40) 今野・藤崎『移民史Ⅰ 南米編』九一―九二頁。

第二章

（1）国際協力事業団『海外移住統計（昭和二七年度〜六二年度）』一九八七年、一六―一七、五二―五三頁。

（2）国際協力事業団『海外移住統計』五六―五七頁。

（3）調査の対象となったのは六万六四五四人で、うち三万六五四五人は配偶者もしくは子供であった。

（4）若槻泰雄『発展途上国への移住の研究――ボリビアにおける日本移民』玉川大学出版部、一九八七年、二二三頁。

（5）Albert O. Hirschman, *Exit, Voice, and Loyalty: Responses to Decline in Firms, Organizations, and Statets.* Cambridge, Mass.: Harvard University Press, 1970.

（6）ブラジル連邦共和国憲法改正審議会におけるＡ・メスキッタ（社会民主党）の発言。日本移民八十年史編纂委員会編纂『ブラジル日本移民八十年史』ブラジル日本文化協会、一九九一年、一七八頁。

（7）日本移民八十年史編纂委員会『ブラジル日本移民八十年史』一七八―一七九頁。

（8）ドミニカ移民現地調査団編・刊『ドミニカ移民実態調査報告書――その人権侵害の事実』一九九二年、二二頁。

（9）ドミニカ移民現地調査団『ドミニカ移民実態調査報告書』二三頁。

（10）溝部義雄編『在伯山口県人』在伯山口県人移住史刊行会、一九六二年、一二七―一三三頁。

（11）若槻泰雄・鈴木譲二『海外移住政策史論』福村出版、一九七五年、二三一―二三三頁。

（12）若槻泰雄『外務省が消した日本人――南米移民の半世紀』毎日新聞社、二〇〇一年、二一七―二二四頁。

（13）若槻『外務省が消した日本人』二五―三二頁。

（14）若槻『発展途上国への移住の研究』二二三頁。

（15）海外移住資料館ビジュアルライブラリー『目撃者』より。

（16）上野英信・趙根在監修『約束の楽土　ブラジル篇』葦書房、一九八四年、一六三頁。

（17）イグアスー植民地（パラグアイ）に入植した深見明伸の場合、ＪＩＣＡからの借入を元手に牧場を経営するがこれに失敗し、次に試みた大豆栽培も大雨の被害にあうなどして困窮していたところ、ブラジルから来たＪＩＣＡ職員のアドバイスで栽培方法を改善し、成功したという。海外移住資料館ビジュアルライブラリー『目撃者』より。

(18) ドミニカ移民現地調査団『ドミニカ移民実態調査報告書』二一頁。

(19) 高橋幸春『カリブ海の「楽園」──ドミニカ移民三十年の軌跡』潮出版社、一九八七年、三二一─三二三頁。

(20) ドミニカ移民現地調査団『ドミニカ移民実態調査報告書』二五、九六─九七頁。

(21) 今野敏彦・高橋幸春編『ドミニカ移民は棄民だった──戦後日系移民の軌跡』明石書店、一九九三年、四五頁。若槻『外務省が消した日本人』一七二、二二二─二二三頁。

(22) 高橋『カリブ海の「楽園」』三三一頁。

(23) Daniel M. Masterson with Sayaka Funada-Classen, *The Japanese in Latin America*. Urbana: University of Illinois Press, 2004, 211.

(24) 今野・高橋『ドミニカ移民は棄民だった』一九九頁。

(25) 今野・高橋『ドミニカ移民は棄民だった』一六三頁。

(26) 今野・高橋『ドミニカ移民は棄民だった』七一─七五、一七七─一七八頁。

(27) 今野・高橋『ドミニカ移民は棄民だった』六四─六六頁。

(28) 角田房子「移民の生命は軽かった」『文藝春秋』一九六二年四月号、一三九─一四四頁。

(29) 若槻『発展途上国への移住の研究』二二五─二二七頁。

(30) 集団帰国要請以前にも移住者たちはブラジルなど第三国へ再移住するための支援を数度にわたり現地大使館に要請したがどれも却下されている。

(31) 高橋『カリブ海の「楽園」』四九、九一、一〇一─一〇二頁。

(32) 第三八回国会外務委員会第一八号（昭和三六年五月三〇日、質問者：石田次男、返答者：高木廣一）。

(33) 『朝日新聞』一九八六年五月四日付。

(34) ドミニカ移民現地調査団『ドミニカ移民実態調査報告書』一二六─一二七頁。若槻『発展途上国への移住の研究』二二五頁。

（35）一九三四年、日本国拓務省の援助で、海外移住組合はパラグアイ国ラ・コルメナに規模八三〇〇ヘクタールのコロニアを建て、三六年に第一回移民三七家族（日本から二七家族、ブラジルから一〇家族）を入植させた（これが最初で最後の入植となった）。日本政府は土地購入の際、現地の反日感情を刺激しないようにと、土地所有を海外移住組合パラグアイ支部長の宮坂国人の個人名義とするよう、指示している。ラ・コルメナ二十周年史刊行会編・刊『ラ・コルメナ二十周年史――パラグァイ国最初の日本人移住地』一九五八年、二〇五頁。国本伊代はこれらの移民を「企業移民」と呼んでいる。国本『ボリビアの「日本人村」――サンタクルス州サンファン移住地の研究』中央大学出版部、一九八九年。

（36）Daniel M. Masterson with Sayaka Funada-Classen, *The Japanese in Latin America*. Urubana and Chicago: University of Illinois Press, 2004, 95-96, 143. 若槻『外務省が消した日本人』九五―九六頁。

（37）Masterson, *The Japanese in Latin America*, 11-12. 若槻『外務省が消した日本人』八八―九三頁。国本『ボリビアの「日本人村」』。

（38）在ペルー臨時代理公使から重光葵外務大臣宛て書簡（一九五五年三月三日及三月一八日付）「日パ移住協定」外交史料館所蔵マイクロフィルム。

（39）ボリビア日本人移住百周年移住史編纂委員会編纂『ボリビアに生きる――日本人移住百周年誌』ボリビア日系協会連合会、二〇〇〇年、二七〇―二七一頁。

（40）若槻『外務省が消した日本人』一一六頁。

（41）ボリビア日本人移住百周年移住史編纂委員会『ボリビアに生きる』二七〇頁。

（42）若槻『外務省が消した日本人』。

第三章

（1）Tōru Ogishima, "Japanese Emigration." *International Labour Review* 34: 1b (November 1936) 618-651.

（2）若槻泰雄『発展途上国への移住の研究――ボリビアにおける日本移民』玉川大学出版部、一九八七年、一一七頁。

（3）Yuji Ichioka, *The Issei: The World of the First Generation Japanese Immigrations, 1885-1924*. New York: Free Press, 1988, 13.

（4）大隈重信「大和民族膨張と植民事業」『殖民世界』一巻一号、一九〇九年五月七日、一―三頁。

（5）角山幸洋『榎本武揚とメキシコ殖民移住』同文館出版、一九八六年、五八頁。

（6）角山『榎本武揚とメキシコ殖民移住』六六頁。

（7）Daniel M. Masterson with Sayaka Funada-Classen, *The Japanese in Latin America*. Urbana: University of Illinois Press, 2004, 27-28. ちなみに、榎本の農園は経営難がもとで四年後に閉鎖されている。

（8）Mikiso Hane, *Peasants Rebels and Outcastes: The Underside of Modern Japan*. New York: Pantheon Books, 1982, 104.

（9）「災害後ニ振興策トシテノ海外移住ヲ奨励スルノ意見」日本拓民協会より内閣総理大臣宛て（一九二三年一〇月）、国立公文書館。

（10）『移植民に関する諸案』井上案（一九二四年五月）外交史料館。

（11）帝国経済会議社会部拓殖部連合部第一回連合部会に於いて。松岡均平「移植民に関する諸案、南米案」（一九二三年）、外交史料館。

（12）Ronald Takaki, *Strangers from a Different Shore: A History of Asian Americans*. New York: Little Brown, 1989, 201-204.

（13）松岡「移植民に関する諸案、南米案」。

（14）松岡「移植民に関する諸案、南米案」。

（15）外務省通商局『移民地事情4』一九二三年。

（16）黒瀬郁二『東洋拓殖会社――日本帝国主義とアジア太平洋』日本経済評論社、二〇〇三年、一九九頁。

（17）原康記「戦間期長崎県における海外移民について」『経済学研究（九州大学経済学会）』五六巻四号、一九九〇年、七三頁。

（18）拓務省拓務局・文部省実業学務局編『最近の海外移住地』明文堂、一九三一年、八頁。

（19） J. F. Normano, "Japanese Emigration to Brazil." *Pacific Affairs* 7.1 (March 1934), 42-61.
（20） 「移民政策ノ徹底ニ関スル建議」国立公文書館。
（21） 外務省通商局長武富から拓務省拓務局長宛て書簡（昭和五年六月三日付）『移民情報雑纂——ペルー国の部』外交史料館。
（22） 井上雅二「移民行政に関する鄙見綱要」（昭和四年七月四日付）『本邦移民取扱人関係雑件海外興業（株）海外渡航者名簿 四』外交史料館。
（23） 外務省国際局武富から拓務部拓務局局長宛て書簡（一九三〇年六月三日付）『移民情報雑纂』外交史料館。
（24） 『本邦移民取扱人関係雑件 南米拓殖株式会社海外渡航者名簿』一九二九年。『東京新聞』一九二七年三月三日付。
（25） 中村東民編『ブラジル福岡県人発展史』在伯福岡県人会、一九七七年、参照。
（26） 拓務省・文部省『最近の海外移住地』。
（27） 有沢広巳監修『昭和経済史』日本経済新聞社、一九七六年、五三頁。
（28） 例えば、拓務省拓務局編・刊『移植民講習会講演集』一九三二年、一―三頁。または内務省社会局社会部「国民更生運動概況」（一九三四年、国会図書館帝国国会議事録データベース http://www.ndl.go.jp/en/data/diet.html）の言説を参照。
（29） 黒瀬『東洋拓殖会社』二一三―二二八頁。
（30） 植民地での労働賃金が内地のそれより低かったため人気が出ず、東拓もこの移植民事業からは撤退した。拓務省・文部省『最近の海外移住地』七五頁。

第四章

（1） 国内の人口移動を規制する手段として、引揚者たちに対して、東京や大阪行きの列車の切符の販売を制限したり、住民登録制度を設けて国民が地方から都市へ行くのを許可制としたりした。Office of Strategic Services (OSS) Research and Analysis Branch, *Population and Migration in Japan*, 24.

（2）若槻泰雄・鈴木譲二『海外移住政策史論』福村出版、一九七五年、九一頁。Yukiko Koshiro, *Trans-Pacific Racisms and the U.S. Occupation of Japan*. New York: Columbia University Press, 1984, 129.
（3）OSS, *Population and Migration in Japan*, No. 2450 (1945. 9. 5) 25.
（4）若槻・鈴木『海外移住政策史論』九七―九八頁。Koshiro, *Trans-Pacific Racisms*, 130-132.
（5）義援金は「ララ物資」（公認アジア救済機関）を通じて、粉ミルクや衣料など物資にかえて日本に送られた。http://www.funibec.or.jp/index.html 二〇〇八年一月一四日アクセス。
（6）若槻・鈴木『海外移住政策史論』一〇二頁。
（7）若槻・鈴木『海外移住政策史論』一〇四頁。
（8）『本年南米向け移民の送出について』「閣議了解 海外」第二七五号（一九五三年五月九日）国立公文書館。
（9）若槻泰雄『外務省が消した日本人――南米移民の半世紀』毎日新聞社、二〇〇一年、一五―一六頁。
（10）日系農協組合「ブラ拓」については、Nobuya Tsuchida, "The Japanese in Brazil, 1908-1941." Ph.D. diss. University of California, Los Anjers, 1978, 251-269. を参照。
（11）一九五五年一〇月一九日衆議院農林水産委員会に於いての谷垣専一の弁。国会図書館「国会会議録」データベース。
（12）若槻はさらに、海協連幹部職が官僚の天下り組で占められていたことも、組織の運営に支障をきたす一因になったと分析している。若槻『外務省が消した日本人』二〇八―二一七頁。
（13）若槻・鈴木『海外移住政策史論』一〇五―一〇六頁。
（14）角田房子「移民という名の棄民」『文藝春秋』一九六二年三月号、六六頁。
（15）一九六一年三月二〇日参議院予算委員会に於いて。国会図書館「国会会議録」データベース。
（16）外務省欧米局第二課「移民業務運営に関する諸問題」（相田洋『航跡――移住三一年目の乗船名簿』日本放送出版協会、二〇〇三年、二八三―二八四頁より引用）。
（17）一九五五年五月一八日衆議院予算委員会（一六号）に於いて。国会図書館「国会会議録」データベース。
（18）今野敏彦・高橋幸春編『ドミニカ移民は棄民だった――戦後日系移民の軌跡』明石書店、一九九三年、一〇三―一一〇頁。

(19) 総務庁統計局『労働力調査年報』二〇〇三年。雇用指標は、一九五〇年を一〇〇として、一九五三年は一〇〇・四ポイントだった。

(20) 広島県『広島県移住史 通史編』一九九三年、五八六―五八七頁。

(21) 佐賀県『佐賀県海外移住史』一九八六年、一二二頁。

(22) 一九五四年八月二〇日参議院運輸委員会に於いて。国会図書館「国会会議録」データベース。

(23) 一九四九年五月一二日衆議院本会議に於いて。国会図書館「国会会議録」データベース。

第五章

(1) 石川友紀『日本移民の地理学的研究――沖縄・広島・山口』(榕樹書林、一九九七年)や広島県『広島県移住史 通史編』(一九九三年)が「伝統的移民県」説をとっている。

(2) 経路依存性論については、本書序章注(9)中の文献や Douglas M. Massey, Joaquin Arango, Graeme Hugo, Ali Kouaouci, Adela Pellegrino, and J. Edward Taylor, *Worlds in Motion: Understanding International Migration at the End of the Millennium*. New York: Oxford University Press, 1998. を参照のこと。

(3) Eric Hobsbaum and Terence Ranger (eds.), *The Invention of Tradition*. New York: Columbia University Press, 1983.

(4) 例えば、マスターソンは、戦前の日本人中南米移民の「押出し要因」は地方部の貧困や災害であり、戦後の沖縄からの移民の主因は人口過剰だったと指摘している。Daniel Masterson and Sayaka Funada-Classen, *The Japanese in Latin America*. Urbana: University of Illinois Press, 2004, 54 (for the prewar case) and 182 (for Okinawa). ステファン・トンプソンは、戦後のボリビア・サンファンへの移民の多くが九州の炭鉱労働者だったことに言及しつつ(pp. 48-49)、総論として、移民は国内の人口過剰によるものと括っている(p. 184)。Stephen Ide Thompson, "San Juan Yapacani: A Japanese Pioneer Colony in

Eastern Bolivia." Ph.D. diss., University of Illinois at Urbana-Champaign, 1970. また、ユキコ・コシロが戦後の日本政府の移民政策が敗戦直後の人口危機に端を発していると分析するのは正しいが、コシロはその政策根拠がのちに政治的安全弁として利用されるようになったことにまでは言及していない。Yukiko Koshiro, *Trans-Pacific Racisms and the U.S. Occupation of Japan*. New York: Columbia University Press, 1984, 124-127.

（5）Louis Young, *Japan's Total Empire: Manchuria and the Culture of the Wartime Imperialism*. Berkeley: University of California Press, 1999, 325-332.

（6）ヤングは、東北地方の大土地所有制が同地域より大量の満州移民を送出する原因になったと分析している。Young, *Japan's Total Empire*, 330-332.

（7）『昭和 二万日の全記録3 非常時日本・昭和七―九年』講談社、一九八九年、三一六頁。

（8）若槻泰雄『戦後引揚げの記録』時事通信社、一九九一年、二三―二五頁。

第六章

（1）紫村一重『筑前竹槍一揆』葦書房、一九七三年、三九頁。

（2）Mikiso Hane, *Peasants Rebels and Outcastes: The Underside of Modern Japan*. New York: Pantheon Books, 1982, 160-161.

（3）武田晴人『帝国主義と民本主義』集英社、一九九二年、一一〇頁。

（4）内務省警保局編『社会運動の状況1（昭和二―四年）』三一書房、一九七一年、七一九頁。

（5）青木恵一郎『日本農民運動史2（明治期における農民運動）』日本評論新社、一九五八年、五三〇頁。

（6）西日本文化協会編纂『福岡県史 通史編近代2（産業経済2）』福岡県、二〇〇〇年、五〇六―五〇七頁。

（7）広島県『広島県史 近代2（通史6）』一九八一年、二九頁。

（8）そのほか、石川島造船所（東京都）、横須賀海軍工場（神奈川県）、三菱長崎造船所（長崎県）でも労働大ストが起きている。社会主義の影響を受けた造船所労働者の労組第一号は、一八九九年の国営武器工場での労組だといわれている。

（9）一八九四年に、伊藤博文が大本営を突如広島に移し、明治天皇が呉市入りしたことで、国家の通信、交通、外交の拠点も同地に移されるなど、日清戦争の頃より、広島の軍事重要性は高まっていた。第七回特別帝国議会も広島で開催されている。

（10）ストは八カ月に及んだが、当局の弾圧で労組側の敗北に終わっている。広島県『広島県史 近代2（通史5）』一九八〇年、一〇七二―一〇七三頁。

（11）広島県『広島県史 近代2（通史6）』四四七―四六四頁。

（12）広島県『広島県史 近代2（通史6）』四四七―四六四頁。

（13）西日本文化協会『福岡県史 通史編近代2（産業経済2）』三六六―三七一頁。

（14）西日本文化協会『福岡県史 通史編近代2（産業経済2）』三七一頁。

（15）ジョージ・オーウェルは一九三〇年代、社会主義派出版社クラブの依頼を受け、英国北部の炭鉱労働者の労働環境を調査した。そのルポが *The Road to Wigan Pier* として一九五八年にアメリカで出版された。George Orwell, *The Road to Wigan Pier*. San Diego: Harcourt, 1958, 32-33.

（16）広島県の農民が筑豊の炭鉱に移住したのは、一八八七年の一八〇人が最初だったと記録されている。以来、福岡の炭鉱会社は広島県からの炭鉱労働者の採用に積極的になった。広島県『広島県史 近代2（通史6）』四二九頁。福岡県職業紹介事務局による統計では、県下の炭鉱労働者の出身県別割合は、福岡（四五%）、大分（九%）、熊本（九%）、広島（七%）、佐賀（五%）、愛媛（五%）となっている（朝鮮出身者は九%）。福岡地方職業紹介事務局「筑豊炭鉱労働者出身地調査」九州大学石炭研究資料センター編・刊『石炭研究資料叢書』第一五輯、一九九四年、三一―五頁。

（17）後年（一九二九年）、団琢磨は三井鉱山株式会社社長兼日本興業クラブ会長として、労働者の組合権合法化に反対する、経営者による全国運動を主導した。Sheldon Garon, *The State and Labor in Modern Japan*. Berkeley: University of California Press, 1987, 167.

（18）宇部市史編集委員会編『宇部市史 通史篇（下）』一九九三年、二四四―二四八頁。

（19） Carol Gluck, *Japan's Modern Myths: Ideology in the Late Meiji Period*. Princeton, N.J.: Princeton University Press, 1985. 参照。

（20） 西日本文化協会『福岡県史 通史編近代2（産業経済2）』三一三頁。

（21） 渡辺実『未解放部落史の研究』吉川弘文館、一九六五年、七〇二―七〇三頁。

（22） 福岡部落史研究会編・刊『福岡県被差別部落史の諸相』一九七九年、三六一―三六二頁。

（23） 山陽・北部九州地方の部落民は主に農業を生業としていた。広島県の場合、四六・二%が農民、一一・三%が漁民、そして二五・八%が力役・雑業に従事していた（一九一七年データ）。農業従事者は小作農が多く、副業で家計を補っていた。広島県『広島県史 近代2（通史6）』五二〇頁。

（24） 福岡部落史研究会『福岡県被差別部落史の諸相』三五六頁。

（25） Ian Neary, *Political Protest and Social Control in Pre-War Japan: The Origins of Buraku Liberation*. New York: Humanities Press International, 1989, 52. または原田伴彦『被差別部落の歴史』朝日新聞社、一九七三年、及び George O. Totten and Hiroshi Wagatsuma, "Emancipation: Groeth and Transformation of a Political Movement." in George De Vos and Wagatsuma (eds.), *Japan's Invisible Race: Caste in Culture and Personality*. Berkeley: University of California Press, 1972. を参照。

（26） 国の融和予算は一九二一年以後着実に増額されていった。一九二一及び二二年度で各二一万円、二三年度四九万一〇〇〇円、二四年度五二万二〇〇〇円、二五年度五二万二五〇〇円、二六年度五五万四〇〇〇円、二七年度五八万五五〇〇円だった。渡辺『未解放部落史の研究』七三二頁。

（27） 水平社内のボルシェビキ派と無政府主義者との対立に関しては、Neary, *Political Protest and Social Control in Pre-War Japan*, 126-127. 参照。

（28） 新藤東洋男『部落解放運動の史的展開――九州地方を中心に』柏書房、一九八一年、一四八頁。

（29） 青木恵一郎編『日本農民運動史料集成2』三一書房、一九七六年、五三三頁。

（30） 大串夏身『近代被差別部落史研究』明石書店、一九八〇年、二一〇頁。

（31） 大串『近代被差別部落史研究』一九八頁。

(32) 大串『近代被差別部落史研究』二〇二―二〇三頁。
(33) 新藤『部落解放運動の史的展開』三〇三頁。
(34) 部落問題研究所編・刊『部落の歴史と解放運動』一九五四年、一四二―一四三頁。
(35) Totten and Wagatsuma, "Emancipation," 42.
(36) James William Morley, *The Japanese Thrust into Siberia, 1918*. New York: Columbia University Press, 1957, 36.
(37) 岡山県史編纂委員会編纂『岡山県史11（近代2）』岡山県、一九八七年、四四〇頁。

第七章

(1) 内務省社会局労働部編『労働運動年報 昭和二年』明治文献、一九七一年、二二四一―二二四二頁、及び、渡辺実『未解放部落史の研究』吉川弘文館、一九六五年、七九九頁。
(2) Ian Neary, *Political Protest and Social Control in Pre-War Japan: The Origins of Buraku Liberation*. New York: Humanities Press International, 1989, 159.
(3) 黒瀬郁二『東洋拓殖会社――日本帝国主義とアジア太平洋』日本経済評論社、二〇〇三年、二一八―二一九頁。
(4) 「思想的国難ニ関スル決議」衆議院、一九二八年四月二五日。国立公文書館。
(5) 永田稠編『信濃海外移住史』信濃海外協会、一九五二年、四九頁。
(6) 閣議報告「社会政策ニ関スル具体的方策案」一九三三年一〇月六日。国立国会図書館、議会官庁資料室。
(7) 日本移民協会「災害後ノ振興策トシテ海外移住ヲ奨励スルノ意見」一九二三年一〇月（日にち不明）。国立公文書館。
(8) 「融和事業ニ関スル産業経済施設要綱」部落問題研究所編『融和事業年鑑 大正一五―昭和一六年度版』部落解放研究所、一九七〇年。また、『台湾日日新報』によれば、台湾に移住する二五八家族にも政府助成金が拠出された（合計七万円）。『融和時報』一九三四年四月二七日付。

(9) 大阪人権歴史資料館編・刊『満州移民と被差別部落――融和政策の犠牲となった来民開拓団』一九八九年、四七頁。
(10) 部落問題研究所『融和事業年鑑 大正一五―昭和一六年度版』四七頁。
(11)『融和時報・九州地方版』一九三三年八月一日付。
(12) 成沢栄寿「融和運動と政策」部落問題研究所編『水平運動史の研究』四巻、部落問題研究所出版部、一九七三年。
(13) 杉浦重剛「樊噲夢物語」柳瀬勁介『社会外の社会』大学館、一九〇一年。
(14) 柳瀬『社会外の社会』。
(15)『融和時報』二巻 昭和七―九年六月、一二五頁。
(16)『融和時報』一九三四年一月一日付。
(17) 渡辺『未解放部落史の研究』一〇七七頁。
(18) 部落民の南米移住より以前には北海道への国内移住が政府や社会イデオローグたちによって奨励された。北海道を推す根拠として、政治家帆足龍吉は「蝦夷にはエタ《ママ》と同じように食肉の蛮人がいるので、当地に部落民はうまく溶け込むであろう」と述べている。柳瀬『社会外の社会』二―三頁。しかし実際には部落民の北海道移住は芳しくなかった。その理由のひとつとして、集団移住の場合、一グループにつき部落民は七世帯以下に限るという北海道道令があったためと言われている。一九二〇年代、融和推進者はこの規制の排除を国会に働きかけたが実現しなかった。渡辺『未解放部落史の研究』七二九頁。また、融和団体は一九三〇年代中頃までは部落民の移住先として南米及び満州を推奨していたが、一九三七年に日中戦争が勃発して以後は、満州移民に集中するようになった。広島県『広島県移住史 通史編』一九九三年、五一〇―五一一頁。
(19) 広島県『広島県史 近代2(通史6)』一九八一年、六四二頁。
(20) 原康記「戦間期長崎県における海外移民について」『経済学研究(九州大学経済学会)』五六巻四号、一九九〇年、七五頁。

(21) 上野英信『出ニッポン記』潮出版社、一九七七年、二〇頁。
(22) ブラジル日系人実態調査委員会編・刊『ブラジルの日本移民』一九六四年、三七八―三八一頁。

第八章

(1) 読売新聞社西部本社編『福岡百年』下巻、浪速社、一九六七年、二九四―二九五頁。
(2) 新藤東洋男『赤いボタ山の火――筑豊・三池の人びと』三省堂、一九八五年、二四八頁。
(3) 猪木武徳『経済成長の果実――一九五五~一九七二』中央公論新社、二〇〇〇年、五五頁。
(4) 川添昭二『福岡県の歴史』山川出版社、一九九七年、三一〇頁。
(5) 通産省(当時)は一九五二年三月頃までに、石炭産業の衰退がもはや不可避であると判断、産業合理化諮問委員会の地方小委員会を通じて、石炭業合理化三カ年計画を発表した。この計画は鉱山会社の強い反対で中止された。
(6) 三井鉱山株式会社編『資料 三池争議』日本経営者団体連盟弘報部、一九六三年、八八〇頁。
(7) Kent Calder, *Crisis and Compensation: Public Policy and Political Stability in Japan*. Princeton, N.J.: Princeton University Press, 1998, 92.
(8) 塚本敦義『三池闘争』労働大学、一九七四年、一一六頁。
(9) 三井鉱山『資料 三池争議』八八六頁。
(10) 清水慎三「三井三池争議」藤田若雄・塩田庄兵衛編『戦後日本の労働争議』御茶の水書房、一九六三年、四八〇頁。
(11) 原田伴彦『被差別部落の歴史』朝日新聞社、一九七三年、三七二頁。
(12) 新藤東洋男『部落解放運動の史的展開――九州地方を中心に』柏書房、一九八一年、二二六頁。
(13) 新藤『部落解放運動の史的展開』二三八頁、及び、川添『福岡県の歴史』三〇七―三〇八頁。
(14) 新藤は、福岡県嘉穂郡の未解放部落六六カ所の農業従事者の九九%は小作人で、炭鉱出稼ぎ労働を副収入源としていたとする。新藤『部落解放運動の史的展開』二三九頁。

（15）板付基地移転促進協議会編・刊『板付基地問題資料集（上・下）』一九六七、六九年。
（16）一方で、九州大学付属石炭研究資料センター（旧）代表に問い合わせたところ、九州の石炭業に従事した被差別部落出身者は「希少」だったとの説明を受けた。三井鉱山関連の資料は部外者には非公開だったため、ここでは事実確認はできなかった。
（17）Hiroshi Wagatsuma, "Postwar Political Militancy." in George De Vos and Wagatsuma (eds.), *Japan's Invisible Race: Caste in Culture and Personality*. Berkeley: University of California Press, 1972, 72.
（18）三井鉱山『資料 三池争議』八七九頁。
（19）部落問題研究所編・刊『部落の歴史と解放運動』一九五四年、四二八―四二九頁。
（20）一九四八年、社会主義者松本治一郎が皇居で天皇に拝覧した際、天皇の方に進み出るのに、慣習を破ってまっすぐに前進したという事件（慣習では、国民は天皇に敬意を表するため、カニのように横這い前進することになっていた）。この「事件」は保守系政治家の逆鱗に触れ、吉田茂は松本の公職追放をマッカーサーに願い出た。松本はいったん罷免されたものの、のちに復権された。
（21）『読売新聞』一九五七年二月五日付。
（22）Calder, *Crisis and Compensation*, 72.
（23）労働省失業対策部編『わが国失業対策の現状と問題点』日刊労働通信社、一九六一年、二六九頁。
（24）閣議決定「本邦炭鉱離職者の南米移住関係」（一九五九年八月二一日付）及び「三池関係離職者等の就職対策について」（一九五九年九月一六日）。外交史料館。
（25）労働省職業安定局失業対策部編『炭鉱離職者対策十年史』日刊労働通信社、一九七一年、一三七―一四三、二八〇―二八一頁。
（26）政府は、炭鉱離職者の農業移住以外にもブラジル・リオグランデドゥスル州やアルゼンチン・サンタクルス州の鉱山への労働移住を思案していた。外務省移住課内部メモ「炭鉱離職者対策海外移住斡旋対策要綱（案）」一九五九年九月七日付。
（27）鈴木サンパウロ領事から藤山愛一郎外相宛て書簡（一九五〇年一〇月七日付）。外交史料館。

(28) 一方、炭鉱労働者としてのブラジル移住も考えられたが、現地の労働条件が悪く日本人には不利なため、不適切だと判断された。『本邦炭鉱離職者の南米移住関係』外交史料館。
(29) 上野英信・趙根在監修『約束の楽土 ブラジル篇』葦書房、一九八四年、八頁。
(30) 『本邦炭鉱離職者の南米移住関係』昭和三四年一〇月七日、鈴木サンパウロ総領事から藤山愛一郎外相宛て書簡。外交史料館。
(31) 「本邦炭鉱離職者の南米移住関係」、山川(移住局企画部)書簡「離職者移住上の考え方」昭和三四年九月一六日、及び、同年一〇月七日、鈴木サンパウロ総領事から藤山愛一郎外相宛て書簡。
(32) 上野・趙『約束の楽土』八頁。
(33) 労働省職業安定局失業対策部『炭鉱離職者対策十年史』三三一—三三三頁。
(34) 離職者援護会の福岡支部や宇部支部は、熊本、佐賀、長崎といった近県からも移住希望者を募った。『本邦炭鉱離職者の南米移住関係』「離職者援護協会について」(一九五九年八月四日付)。外交史料館。
(35) 『本邦炭鉱離職者の南米移住関係』「離職者援護協会について」(一九五九年八月四日付)。援護協会の海外移住向け予算額は明記されていない。
(36) 上野『出ニッポン記』三三一—三四頁。一九六一年度労働省報告書によれば、合計七億七六〇〇万円の「移民基金」が移住希望離職者一万二二一五名に支払われている。しかしこれには、国内の他県や鉱山への移住者も含まれているものとみられる。
(37) 占領期、ＳＣＡＰは戦前の融和事業を廃止し部落関連の施策を禁止した。日本の民主化政策からなぜ部落解放問題が除外されたのかに関して様々な解釈があるが、渡辺俊雄は著書『現代史のなかの部落問題』(部落解放研究所、一九八八年)のなかで、ＳＣＡＰは部落問題を認識していたにもかかわらず実際の政策では不干渉主義をとり、日本政府もこれに従ったと説明している(六一—六頁)。労働省失業対策部『わが国失業対策の現状と問題点』二七八頁。
(38) 若槻泰雄・鈴木譲二『海外移住政策史論』福村出版、一九七五年、三一六頁。
(39) 上野『出ニッポン記』一六一頁。
(40) ドミニカ移民現地調査団編・刊『ドミニカ移民実態調査報告書——その人権侵害の事実』一九九二年、

五七頁。

(41) 若槻泰雄『発展途上国への移住の研究――ボリビアにおける日本移民』玉川大学出版部、一九八七年、二九九、三三〇頁。また、著者がヒアリングした元JICA現地(南米)スタッフも、「戦後南米に移住してくる移民のなかには、大陸からの引揚者が多く見られた」と証言している。

第九章

(1) 永田稠編『信濃海外移住史』信濃海外協会、一九五二年、九五頁。

(2)『本邦移民取扱人関係雑件・海外興業株式会社海外渡航者名簿』付属資料六「家族移民募集予定数及び地方別募集配当表(昭和五―六年)」一九三〇年四月―一九三一年三月、『本邦移民取扱人関係雑件・南米拓殖株式会社海外渡航者名簿』一九三四年一月。外交史料館。

(3) 岡山県史編纂委員会編纂『岡山県史11(近代2)』岡山県、一九八七年、四五三頁。

(4)『融和時報・九州各地版』昭和八年六月一日。

(5)『融和時報・九州各地版』昭和八年一月一日。

(6) 日本帝国議会議員荒川五郎の言。山田辰実『南米秘露(ペルー)と広島県人』広島県海外協会、一九三一年、一―五頁。

(7) 広島県『広島県移住史 通史編』一九九三年、六三八―六三九頁。

(8) 小林正典「ブラジル、ペルーの日系人」広島市企画調整局文化担当編『海外移住――調査研究レポート』広島都市生活研究会、一九八五年、六〇―七五頁。

(9) 松本学「内外会員諸君に告ぐ」『八紘』四二号、一九三〇年一月二〇日、三頁。

(10)『八紘』四二号、四―五頁。門司市長は、神戸、横浜に続き第三の移民取扱施設を福岡市に建設し、九州地方からの移民を増やすべきだと進言している。『八紘』四二号、一三―一四頁。

(11) 福岡県海外協会『昭和三四年度海外移住の概況』一九六三年、一九頁。『中南米海外移住地便り』一九六〇年三月、七三頁。

(12) 福岡県より外務省に提出の報告書「昭和三五年度の見通しについて」（一九五九年）。外交史料館。
(13) 福岡県海外協会『昭和三四年度海外移住の概況』二二一―二二七頁。
(14) 『中南米海外移住地便り』一九六四年三月、二四―二五頁。
(15) 例えば、今野敏彦・高橋幸春『ドミニカ移民は棄民だった――戦後日系移民の軌跡』（明石書店、一九九三年）、角田房子「移民という名の棄民」（『文藝春秋』一九六二年三月号）、若槻泰雄『外務省が消した日本人――南米移民の半世紀』（毎日新聞社、二〇〇一年）、上野英信『出ニッポン記』（潮出版社、一九七七年）は「南米移民＝棄民論」の立場をとる。
(16) Sheldon Garon, *The State and Labor in Modern Japan*. Berkeley: University of California Press, 1987, 76-78.
(17) 大阪人権歴史資料館編・刊『満州移民と被差別部落――融和政策の犠牲となった来民開拓団』一九八九年、四六―四七頁。
(18) 『融和時報』一九三四年一月一日号。
(19) 被告側は即時控訴したが、福岡高等裁判所も地裁の判決を支持する形で結審した。上野『出ニッポン記』四四一―四六九頁。
(20) 一九六二年に集団帰国した移住者の中からは、帰国直後、国を相手取って賠償請求の集団訴訟を起こす動きが広がっていたが、外務省と海協連が非公式に和解を提示したため、その多くは和解金を受け取ることで訴訟を取り下げている。
(21) 『朝日新聞』二〇〇〇年七月一九日付。
(22) 『朝日新聞』二〇〇六年六月七日付、同年七月二一日付、同年七月二二日付。『読売新聞』二〇〇六年六月七日付。『毎日新聞』二〇〇六年六月七日付。
(23) 山川（移住局企画部）から鈴木北米局長宛てメモ（昭和三四年八月二一日付）『本邦炭鉱離職者の南米移住関係』外交史料館。
(24) 三井鉱山総務部から在伯日本大使宛て書簡（一九五九年八月七日付）。外交史料館所蔵マイクロフィルム。

第一〇章

(1) ブラジル訪日団来日の前年、日本政府もブラジルに非公式の貿易使節団を送っている。この使節団には、繊維、貿易、船舶などの業界の代表者が含まれており、ブラジルとの貿易・文化交流の将来について話し合った。同使節団が帰朝してすぐ、日伯貿易・投資関係を促進する目的で「日伯経済協会」が設立された。

(2) 金田近二『最近に於けるブラジル及日伯関係の動き 昭和一二年版』拓務省拓務局、一九三七年、五七―六五頁。

(3) 金田『最近に於けるブラジル及日伯関係の動き』一三六頁。

(4) 拓務省拓務局編・刊『棉花ニ関スル調査』一九三〇年、三九頁。

(5) 日系移民を動員した殖産政策はペルーでも実践されている。移植民地には、チャンカイやカニェーテなど、リマ市郊外の海岸地域や山岳地域が選ばれた。拓務省は、現地大使館と地元日本人会と相談の上、移住最適地や綿花作付けを決定した。綿花が選ばれた理由は、ペルー人農業家が綿花を栽培しておらず、地元の大土地所有者の商業利益を侵す恐れが少ないとの判断によるものだった。拓務省はさらに、日系企業が綿花栽培をするにあたっては、事業の「現地法人化」を奨励した。これも日系企業が進出することでペルー社会の反日感情をむやみに刺激せぬための配慮である。国策会社「海外興業」の子会社「ペルー棉花株式会社」や「レッテス農事株式会社」が設立され、以後、日本人移民の新しい受け皿となった。

(6) 本間立志監修『日本経済統計集 一八六八―一九四五』日外アソシエーツ、一九九九年、四四―四五頁。

(7) 拓務省拓務局・文部省実業学務局編『最近の海外移住地』明文堂、一九三一年、八五―八六頁。

(8)『拓務時報』八号、一九三五年一―七月、一一―一三頁。

(9) 引用文は J. F. Normano, "Japanese Emigration to Brazil." *Pacific Affairs* 7.1 (March 1934), 54. より。

(10) 鐘紡株式会社社史編纂室編『鐘紡百年史』鐘紡、一九八八年、一九五一―一九六頁。

(11) 一九三〇年代、トメアスー植民地入植者の約七割は貧困やマラリアに耐えかねてベレムや南部の町に再移住したという。しかし、ピメンタ栽培の成功によってトメアスーでの定着率は向上した。中村東民編

『ブラジル福岡県人発展史』在伯福岡県人会、一九七七年、四二頁。
(12) 中村『ブラジル福岡県人発展史』一一〇頁。
(13) 一九三四年時点でサンパウロの日系農協や産業組合は五〇を超え、また、ブラジル内陸部のマト・グロッソ、ゴイアス、パラナ各州でも日系人組合が出現した。金田『最近に於けるブラジル及日伯関係の動き』一一〇頁。
(14) 金田『最近に於けるブラジル及日伯関係の動き』三七頁。
(15) 農林水産省『食糧需給見通し』二〇〇三年。www.kanbou.maff.go.jp/www/jk/index.hml
(16) 農林水産省『食糧需給見通し』二〇〇三年。
(17) 青木公『ブラジル大豆攻防史――国際協力二〇年の結実』国際協力出版会、二〇〇二年、三五頁。
(18) 青木『ブラジル大豆攻防史』二三―五八頁。
(19) 金田『最近に於けるブラジル及日伯関係の動き』一一四―一一五頁。
(20) 内山勝男『蒼氓の九二年――ブラジル移民の記録』東京新聞出版局、二〇〇一年、九八―一〇〇頁。
(21) マスターソンによれば、戦前のブラジルでは一〇万人以上の日系二世が「日本の国籍法の下、帝国臣民とみなされていた」。Daniel M. Masterson with Sayaka Funada-Classen, *The Japanese in Latin America*. Urubana and Chicago: University of Illinois Press, 2004, 131.
(22) 内山『蒼氓の九二年』九八―一〇〇頁。
(23) 日本の現行国籍法では、日本で生まれた子の父母が不明だったり、無国籍だったりする場合には、生地主義を部分採用して、日本国籍が取得できる。
(24) 小熊英二『〈日本人〉の境界――沖縄・アイヌ・台湾・朝鮮 植民地支配から復帰運動まで』新曜社、一九九八年。
(25) 金田『最近に於けるブラジル及日伯関係の動き』一一五頁。
(26) 藤崎康夫『陛下は生きておられた――ブラジル勝ち組の記録』新人物往来社、一九七四年、六二頁。
(27) 藤崎『陛下は生きておられた』六一頁。

(28) 金田『最近に於けるブラジル及日伯関係の動き』一一一頁。コチア産業組合はブラジルでの日本語教育機関の先駆けであり、語学・農業教育で高い実績をあげたため、組合解散後もその教育機関は存続することとなった。一九八〇年代になって日本への「出稼ぎ」が日系ブラジル人たちのあいだでブームになったとき、コチアは日本渡航希望者に日本語教育を行う重要な役割を果たした。
(29) 金田『最近に於けるブラジル及日伯関係の動き』八九―九〇頁。
(30) 松井謙吉「移植民教育」拓務省・文部省『最近の海外移住地』三五―三六頁。
(31) 外務省アメリカ局『昭和十二年及十三年度アメリカ局第二課関係執務報告』一九三七年、一八―一九頁。
(32) 外務省アメリカ局『昭和十二年及十三年度アメリカ局第二課関係執務報告』一八―一九頁。
(33) 『拓務時報』一一八号、一九三三年九月、四三頁。
(34) 原口七郎領事代理から有田八郎外相宛て書簡(一九三六年七月六日付)『在外日本人会関係雑件・三』。外交史料館。
(35) 角山幸洋『榎本武揚とメキシコ殖民移住』同文館出版、一九八六年、七六頁。
(36) 金田『最近に於けるブラジル及日伯関係の動き』一三六―一三七頁。
(37) ブラジルやペルーでは第二次大戦後も邦字新聞や日本語放送が禁止されたが、アルゼンチンはそうした規制をとらず、むしろ積極的に日本の戦況を日系メディアに日本語で報道させたため、戦後、ブラジルのような混乱は在アルゼンチン日本人社会には起きなかったと『亜国日報』社長の菅井栄四は回顧する。海外移住資料館ビジュアルライブラリー『目撃者』より。
(38) 猪股嘉雄著・玉井礼一郎監修『空白のブラジル移民史』たまいらぼ、一九八五年。
(39) 猪股『空白のブラジル移民史』一七四頁。
(40) ブラジル政府による「勝ち組・負け組事件」関係者の対応・処分の仕方をめぐっても疑問や批判が起きている。被疑者の適法手続きを停止したドゥートラ大統領の大統領令がその一例で、被疑者たちは正当な裁判を受けることなしに逮捕・処分され、長期間にわたり市民権・政治権を剝奪されたままとなった。
(41) ドミニカ移民現地調査団編・刊『ドミニカ移民実態調査報告書――その人権侵害の事実』一九九二年、

二二頁。

(42) 一九五五年七月六日衆議院外務委員会に於いての園田直の弁。国会図書館「国会会議録」データベース。

(43) 若槻泰雄・鈴木譲二『海外移住政策史論』福村出版、一九七五年、一〇二頁。

(44) 国会図書館「国会会議録」データベース。引用句は著者による要約。

(45) 高橋幸春『カリブ海の「楽園」――ドミニカ移民三十年の軌跡』潮出版社、一九八七年、一一八頁。

(46) 『拓務時報』八号、一九三五年一―六月、五頁。

(47) 金田『最近に於けるブラジル及日伯関係の動き』七八―八四頁。

(48) Orazio Ciccarelli, "Peru's Anti-Japanese Campaign in the 1930s: Economic Dependency and Abortive Nationalism." *Canadian Review of Studies in Nationalism* 5 (1981-82), 118-119.

(49) 高山三平「我が国の移植民問題について」『拓務時報』八号、一九三五年一―六月、六頁。

(50) 拓務省拓務局編・刊『移植民講習会講演集』一九三二年、三頁。

(51) Yukiko Koshiro, *Trans-Pacific Racisms and the U.S. Occupation of Japan*. New York: Columbia University Press, 1999, 124.

(52) 最初の二つの引用句は、拓務省拓務局『秘露〔ペルー〕国在留邦人の農業方面に於ける発展情況』一九三一年、一六頁より。三つ目の引用句は、岡実「我国の現状と海外発展」拓務省・外務省『最近の海外移住地』六五頁より。

(53) 若槻泰雄『発展途上国への移住の研究――ボリビアにおける日本移民』玉川大学出版部、一九八七年、六五頁。

(54) 岡「我国の現状と海外発展」六五頁。

(55) 上塚司「アマゾニア事情」拓務省・外務省『最近の海外移住地』二七一頁。

(56) 『融和時報』五八号、一九三一年九月一日、五三五頁。

(57) Hiroshi Itō, "Japan's Outcaste in the U.S." in George De Vos and Wagatsuma (eds.), *Japan's Invisible Race: Caste in Culture and Personality*. Berkeley: University of California Press, 1972, 205.

(58) 上塚「アマゾニア事情」二七一頁。
(59) 上塚「アマゾニア事情」二七一頁。
(60) 小熊は、戦前、欧米列強に脅威を感じつつも欧米に並ぶ帝国になろうとしアジア諸国を侵略し、これを「解放闘争」と正当化した日本の戦略を「有色の帝国」と定義している。小熊『〈日本人〉の境界』六六一—六六七頁。
(61) 金田近二は「ブラジル人は原始林の伐採の如き特殊の作業の他は、日本人よりも能率低く、且人口も頗る稀薄なる」ため、日本人移民は現地労働者と競争することなく農地開拓が行えると述べている。金田『最近に於けるブラジル及日伯関係の動き』一二五頁。
(62) Koshiro, *Trans-Pacific Racisms*, 124.

終章

(1) Takeyuki Tsuda, "No Place to Call Home: Japanese Brazilians Discover They Are Foreigners in the Country of Their Ancestors." *Natural History* 113.3 (April 2004), 54. 日系ペルー人について調査したアユミ・タケナカも、彼らが同様の疎外感を抱いていることを報告している。Ayumi Takenaka, "Transnational Community and Its Ethnic Consequences." *American Behavioral Scientist* 42: 9 (June/July 1999), 1466.
(2) Takashi Machimura, "Local Settlement Patterns of Foreign Workers in Greater Tokyo." Mike Douglass and Glenda S. Roberts (eds.), *Japan and Global Migration Natural History: foreign workers and the advent of a multicultural society*. Honolulu: University of Hawaii Press, 2003, 176–195.
(3) 大川昭博「外国籍市民と社会保障・福祉制度」NIRA・シティズンシップ研究会編著『多文化社会の選択——シティズンシップの視点から』日本経済評論社、二〇〇一年、八五—八七頁。
(4) http://www.unog.ch/80256EDD006B9C2E/(httpNewsByYear_en)/9EE7CB69162EC2A3C1257563003C150E?OpenDocument 二〇〇九年三月三一日アクセス。

あとがき

外国に旅したり暮らしたりしたとき、日本人であることを痛感させられることはないでしょうか。現地の食べ物が合わず「あー、お茶漬けが食べたい」と思わず叫んでしまうとか、異文化の人との意思疎通がうまくいかず「気心が知れた日本人同士だったらこんな苦労はしないのに」と愚痴るなど。これはだれにでもある経験でしょう。

では逆に、「自分は日本人でない」のかと疑ったことはあるでしょうか。具体的には、他者の視点や指摘によって、日本人としてのアイデンティティを根幹から揺るがされるような状況です。日本人は民族、国籍、言語などが比較的「単一」であるとされているため、自分の「日本人性」を問う、または、他者に問われるという経験はめったにないかもしれません。

私も血統、国籍、文化（言語や教育）においては、真正日本人の要素を十分に備えた「一〇〇％メード・イン・ジャパン」だとずっと思ってきました。学問や仕事のためアメリカに住むようになった後も「私と日本」の間には寸分のズレもなかったはずなのです。

「日本人らしさ」についての私の自信を揺るがせる原因となったのは、アメリカにおけるある「他者のまなざし」でした。私の日本人としての真贋を評価しようとするその「他者」とは、他ならぬ〈日本〉だったのです。

私が一五年間暮らしたニューヨーク市は、いわずと知れた世界金融の一大センターであり、国連本部が置かれる国際政治の檜舞台です。当時は、日本からも金融、外交のエリート部隊たちが続々と送り込まれて来ました。これら日本を代表するともいえる人たちは、現地の他の日本人——留学生、芸術家、起業家、地元企業に勤める一般社員(日系企業では「ローカル」と呼ばれている)など——の日本人としての真贋を吟味しているように、私には思えました。そのうえで「アノ人たちは日本人らしくない」、「ローカルさん」、「ボクたちとは違うから」という表現をし、それを相手にも伝わるように言葉に発する。こうした表現は、客観的基準もなく主観的イメージにのせられて、日常会話でごく自然に発せられるのです。しかし、この無邪気な文化批判が、日本人を「真正」と「疑似」に判別・差別化(differentiate)しようとする意図の表出であることは、文化的感受性を多少持ち合わせた人間には容易に察知できることでした。

批評する側、される側、双方の話をごく単純に総合すると、〈日本〉による在外邦人の差別化の根拠は「日本人らしさ」の濃淡によるものでした。外国暮らしが長くなると母国とのつながりも少なくなり、所作、思考様式、価値観が「現地化」して日本人らしさが稀薄になる、という想定(空想?)がその根拠にあるようです。

在外邦人に選挙権の行使が認められたのが比較的最近であることからもわかるように(一九九八年公職選挙法改正、二〇〇五年以降実施)、日本政府は長年にわたり「日本の領土内に在住していてこその日本人」という見解をとってきました。しかし、空間的・時間的距離が日本人性を喪失させるという公式は成り立ちません。日本文化や時事に精通した在外邦人だっていますし、逆に、日本国内にも「浦島太郎」はいるでしょう。また、高等教育まで日本で受けてから外国に出た日本人も少なくありません。この点でも、帰国子女、中国残留孤児など、文化や国籍の違いが原因で、「内地」にいながらも、「異なる存在」として〈日本〉からはじき出された人々とも事情が違うのです。

境遇や価値観の違いで同じ国民を〈ウチ対ソト〉、〈真正対疑似〉に差別化しようとする、アンビヴァレントだけれど抑圧的な「日本のまなざし」に、私は関心を抱くようになりました（抑圧的というのは、差別化する側が違いを認識するのみならず、差別される側にもそれを意識させようとするからです）。「真正日本人」と「疑似日本人」の境界線はどこにあるのか。差別化の判断基準は何なのか。日本とどのような繋がりを持っていれば「真正」で、なにが欠けると〈日本〉の枠からはじき出されてしまうのか。日本が在外邦人に向ける差別化・疎外化のまなざしは、自分が海外に出てみて初めて洞察できたものでした。そしてこれは、個人的な体験・記憶にとどまらず、学問を営む上でも重要な視座を与えてくれることになりました。

本書は、南米に渡った日本人と国家（＝日本）の歴史的関係を「国家による国民の差別化」という視点から分析しています。国家が国民を好ましい者と好ましからざる者に分け、後者を海外移民という装置をつかってalienate（疎外）する。その上で、仮想的「国家・国民」関係の中に適宜包含し、日本のモラルや伝統で教化・再統合しようと試みる。国境という空間を超えて繰り広げられた排除と包摂という形での国家による権力行使は、右に述べたような洞察を得たことによって、より明確に、より体系的に、描くことができたと自負しています。

本書の中では、議論の相手（理論や論文）が、海外、特に、英語圏のものが主となっています。これは、日本の研究を軽んじているからでは決してありません。本書が、日本の南米移民政策というテーマを、海外（日本からみた海外）の社会科学分野——例えば、国際移民研究や日本研究など——や歴史学分野における言説に参加させたならばどうなるか、という意図によるものです。移民の歴史や理論に関する国際的な議論に日本の移民研究がどう呼応し、どのような知的貢献ができるかを模索しようという主旨をご理解いただければ幸甚です。

日本の南米移民政策というテーマに取り組もうと決意してからすでに二〇年以上（！）経ちました。その間、数多くの方々に出会い、励まし助けられ、本書の出版にたどり着くことができました。今、筆を置くにあたり、一人ひとりの名前を挙げることができないことに恐縮しつつも、改めて心より感謝します。

本書の出版には、岩波書店編集部の入江仰、吉田浩一両氏に格別な協力と尽力を賜りました。入江氏は、アメリカで出版した拙著 *Exporting Japan: Politics of Emigration toward Latin America*（イリノイ大学出版、二〇〇九年）をベースに日本語で新しく書き下ろしたいという私の熱意を汲んで、企画を進めてくれました。吉田氏の「鷲の目のように鋭い」指摘や的確なアドバイスのおかげで、原稿の完成度がぐっと高まりました。東京とホノルルの距離をものともしない、弛みない支援に厚謝します。原稿の最終段階では、居郷英司氏の緻密なチェックに助けられました。お目にかかる機会はありませんでしたが、有り難うございました。

本書の素地となった博士論文の執筆過程では、ジェラルド・カーチス教授を始めとする素晴らしい教授陣の指導・支援を受けました。特に、カーチス教授の度重なる叱咤激励――「Toake, where is your next chapter!?」――がなかったら、論文も本書も世に出ていなかったかもしれません。

在ニューヨークの向江龍司氏、ワシントンDCの池原麻里子氏、ハワイの黒川洋子氏、東京の禰野靖司氏にも謝意を表します。研究・執筆の長い道のりの中で「クライシス」が訪れる度に、専門分野の違いを超えて具体的なアドバイスや心強い支援を惜しみなく与えてくれました。本当にありがとう。

最後に、海外に飛び出して行ったきり一向に帰ってくる気配も見せず、勝手気ままに生きている私を寛容に見守ってくれている両親、隆也と洋子に、この場を借りて心から感謝し、本書を捧げます。

遠藤十亜希

二〇一六年四月一〇日、ホノルルにて

遠藤十亜希
津田塾大学国際関係学科卒，テキサス大学修士号(ラテンアメリカ研究)，コロンビア大学修士号(政治学)，コロンビア大学博士号(政治学)取得．ニューヨーク州立大学ファッション工科大学教養学部助教授を経て，現在，ハワイ東海インターナショナルカレッジ教養学部教授．研究テーマは国家と市民と移民政策．日本の移民政策や，近年のグローバルに輻輳する世界における「移民」の意味を追究する．主な著書は，*Exporting Japan: Politics of Emigration toward Latin America* (University of Illinois Press, 2009), "Surrogate Guardian: Responsibility to Protect Migrants in Disasters and Responses by the Japanese State," *Journal of International Migration and Integration* (January, 2016)．共著は，「移民コストをめぐる米国での論争」NIRA・シティズンシップ研究会編著『多文化社会の選択——「シティズンシップ」の視点から』(日本経済評論社，2001年)．

岩波現代全書 088
南米「棄民」政策の実像

2016年 5月 18日 第1刷発行

著 者 遠藤十亜希《えんどうとあけ》

発行者 岡本 厚

発行所 株式会社 岩波書店
〒101-8002 東京都千代田区一ツ橋 2-5-5
電話案内 03-5210-4000
http://www.iwanami.co.jp/

印刷・三秀舎 カバー・半七印刷 製本・松岳社

ISBN978-4-00-029188-0 Printed in Japan

岩波現代全書発刊に際して

いまここに到来しつつあるのはいかなる時代なのか。新しい世界への転換が実感されながらも、情況は錯綜し多様化している。先人たちは、山積する同時代の難題に直面しつつ、解を求めて学術を頼りに知的格闘を続けてきた。その学術は、いま既存の制度や細分化した学界に安住し、社会との接点を見失ってはいないだろうか。メディアは、事実を探求し真実を伝えることよりも、時流にとらわれ通念に迎合する傾向を強めてはいないだろうか。

現在に立ち向かい、未来を生きぬくために、求められる学術の条件が三つある。第一に、現代社会の裾野と標高を見極めようとする真摯な探究心である。第二に、今日的課題に向き合い、人類が営々と蓄積してきた知的公共財を汲みとる構想力である。第三に、学術とメディアと社会の間を往還するしなやかな感性である。様々な分野で研究の最前線を行く知性を見出し、諸科学の構造解析力を出版活動に活かしていくことは、必ずや「知」の基盤強化に寄与することだろう。

岩波書店創業者の岩波茂雄は、創業二〇年目の一九三三年、「現代学術の普及」を旨に「岩波全書」を発刊した。学術は同時代の人々が投げかける生々しい問題群に向き合い、公論を交わし、積極的な提言をおこなうという任務を負っていた。人々もまた学術の成果を思考と行動の糧としていた。「岩波全書」の理念を継承し、学術の初志に立ちかえり、現代の諸問題を受けとめ、全分野の最新最良の成果を、好学の読書子に送り続けていきたい。その願いを込めて、創業百年の今年、ここに「岩波現代全書」を創刊する。

（二〇一三年六月）